우리 미래가 여기에 있다

# 100세 수업

우리 미래가 여기에 있다

# 100세 수업

EBS
다큐프라임
특별기획

EBS 미디어 기획 | EBS 〈100세 쇼크〉 제작팀 지음 | 김지승 글

월북

# 첫 번째 수업

# 100세의 사생활

## 두 번째 수업

# 우리는 모두 100년을 산다

# 세 번째 수업

## 노후 준비, 왜 어려운 걸까?

# 네 번째 수업

## 100년의 시간을 보내는 법

# 마지막까지 존엄한 삶을 위하여

—

미래에 우리가 어떤 인간일 것인가를 모른다면, 지금 우리가 누
구인가도 알지 못한다. 이 늙은 여자, 이 늙은 남자, 이들 속에서
우리 자신의 모습을 인정하자 (…) 그러면 단번에 우리는 말년의
불행을 더 이상 무관심하게 받아들이지 않게 될 것이다. 그것이
바로 우리의 일이라고 느끼게 될 것이다. 그리고 그것은 정말
우리의 일이다."

– 시몬 드 보부아르, 「노년」 서문 중에서

　　우리는 현재 전체 인구의 20%가 노인이 되는 초고
령사회 진입을 앞두고 있다. 그에 따른 삶의 위기감 또한 커지
고 있다. 이 위기감은 개인이나 사회가 노화와 노인을 다분히
부정적으로 인식하는 현상과 연결된다. 이 시대의 노화란 빈
곤과 질병, 소외와 추함을 감당하다가 죽음이라는 귀결을 맞
기까지의 과정이고, 노인은 빈곤과 질병, 소외, 추함 같은 부정
적 이미지를 덮어쓴 존재가 되어버렸다. 많은 사람이 죽음보
다 늙는 것을 더 두려워하고 위협적으로 느낀다. 좀 이상하지
만 그렇게 되었다.

　　EBS 다큐프라임 〈100세 쇼크〉는 현 사회가 노화와 노인의
가치를 바라보는 이러한 방식이 과연 합당한가 하는 문제의식

에서 출발했다. 개인과 사회가 노화와 노인을 바라보는 시각 자체는 그 사회 구성원의 삶의 질에 지대한 영향을 미치기 때문이다. 사회적 관심에서 일찌감치 사라진 노인들의 정형화된 모습은 그들에 대한 몰이해를 더욱 심화시키면서 혐오를 재생산한다. 왜 이렇게 되었을까? 그들이 행복할 수 없다면 자연스레 그 생의 지점에 가닿을 미래의 '나'도 행복할 수 없지 않을까.

## 역사와 욕망을 가진 개인으로서의 노인

굳어져 버린 인식을 바꾸기는 쉽지 않다. 심리적·정서적 저항이 강한 노인에 대한 인식은 더더욱 그렇다. 다른 약자 문제에 목소리를 내고 인권 감수성이 예민한 이들도 노화와 노인에 관한 시선은 차별적이기 쉽다. '살아가면서 자연스럽게 겪게 되는 신체적·심리적 변화'라는 표현에는 저항이 없지만, '노인의 신체적·심리적 변화'라고 했을 때 흥미가 뚝 떨어지는가? 그렇다면 한 번쯤 생각해봐야 한다. 내 안에 어떤 편견이 있는 것은 아닌지.

100세 시대에 관한 기존의 논의는 노인이 그 차별적 시선에 대항해 자유로워질 수 있게 하기보다 대개 그 차별적 시선 안에서 최대한 마지막까지 생산성과 경제력, 아름다움을 유지해야 한다는 위기감을 자극한다. 그에 따르면 누군가는 남들보다 늦게까지 노인이 아닌 것처럼 살 수 있겠지만 노인에 대한 인식은 변하지 않으므로 결국은 그 시선에 굴복하게 된다. 늙지 않는 사람은 없기 때문이다.

이 책『100세 수업』에서 보여주는 다양한 노인의 현실과 속마음은 그래서 중요하다. 개개인의 삶이 각자 다르듯, 노화의 의미도 노인 개개인에 따라 달라질 수 있다는 건 그들과의 만남에서 얻은 지극히 당연하면서도 낯선 발견이었다. 노인들은 역사와 욕망을 지닌 주체적 개인으로서 이 시대를 함께 살아가고 있다. 그들은 노인 이전에 개인이고, 우리는 노인이란 말에 가려진 개인 존재로서 그들을 다시 바라봐야 한다.

## 나이 듦을 배우다

평균수명 70세에 맞춘 생애주기와 삶의 계획은 이미 충분히 가깝게 다가온 100세 시대에는 적합하지 않다. 우리에게는 미래를 향한 또 다른 상상력이 절실해졌고, 새롭게 창조해야 할 노년의 가치 역시 중요해졌다. 말하자면, 다른 조건에서 어떻게 나이 들어갈 것인가를 다시 배워야 할 상황이 된 것이다.

나이 듦을 배운다는 건, 노화가 한 인간으로서 갖는 권리를 사라지거나 옅어지게 해서는 안 된다는 걸 아는 일이다. 노화가 개인에 따라 너무나 다양한 모습으로 일어난다는 걸 알고 자신에게 맞는 노화를 창조적으로 개발하고 실천에 옮긴다는 의미이기도 하다. 또한, 여느 시기의 삶과 마찬가지로 주어진 시간에 무엇을 할지, 남은 시간 어떻게 살지에 관한 선택은 노년의 삶에서도 존중받고 지지받아야 한다는 걸 새삼스럽게 깨닫는 과정이다.

아직 오지 않은 시간에 부여하는 의미와 가치가 달라진다면 지금 삶에서 해야 할 일도 확연히 달라진다. 삶에서 우리가 결정할 수 있는 유일한 일은 어쩌면 '바로 지금, 무엇을 할 것인가'일지 모른다. 그 결정이 우리를 미래까지 순식간에 연결할 것이다. 그리고 미래는 이미 시작되었다.

탄탄한 문제의식으로 이 책의 기반이 되어준 EBS 〈100세 쇼크〉 제작팀에 감사드린다.

2018년 가을
김지승

# 첫 번째 수업

## 100세의
## 사생활

# 100세의 하루

    ❝ 이제 더 살면 어떻게 하나 몰라. 복이 없어. 복이 없어서 이렇게 오래 살았어.”

임부남(88세) 씨는 50여 가구가 모여 사는 마을에서 홀로 큰 집을 지키며 살아가고 있다. 혼자 아궁이에 불을 피워 밥을 하고, 식사를 하고, 설거지를 하는 동안 집 안은 조용하다 못해 적막만 흐른다. 이런 적적한 생활에 익숙해졌지만 임부남 씨는 요즘 어제와 오늘, 그 하루하루가 예전과는 다르게 느껴진다.

“올해는 꼭 죽을 것만 같아. 눈만 감으면 죽을 것 같아.”

누군가와 대화 한마디 나누지 못하고 하루를 보내면서 임부남 씨는 자꾸 예상하게 되는 그 죽음이 고독과 얼마나 다를지 자꾸 생각한다. 그러다 무슨 결심이라도 한 듯 힘겹게 몸을 일으켜 이웃 친구네로 향한다. 집에서 20여 분 걸어야 닿는 곳에 부남 씨와 가장 친한 순천댁이 산다.

퇴행성 관절염을 앓고 있는 순천댁이나 부남 씨나 몸이 불편하기는 피차 마찬가지지만 조금이라도 거동하기 나은 부남 씨가 움직인다. 순천댁이 불편한 몸을 이끌고 문밖까지 나와 부남 씨를 반갑게 맞는다.

"무릎이 아파서 어디 나가지도 못하고……."

"집을 싹 다 쓸고 닦고 해서 번들번들한 것 봐."

방 안에 나란히 앉아 그렇게 대화 같기도, 아닌 것 같기도 한 말을 주고받더니 한동안 두 사람은 텔레비전에 시선을 고정시킨 채 말이 없다. 그러다 여기까지 찾아온 부남 씨에게 마음이 쓰이는지 순천댁이 먼저 입을 뗀다.

"쌀 들어왔어?"

"딸?"

"농사지은 쌀 들어와?"

"안 들어왔어, 아직."

뭔가 어긋나는 것 같지만 그래도 이 정도면 대화가 수월하게 이어지는 편이다.

"산밭에 동물이 막 올라가. 검은 비닐 다 씌워놨어."

"호랑이 안 내려와?"

"돼지? 안 내려와, 돼지."

호랑이 안 내려와?

안 내려와 돼지

엉뚱한 답변들만 오가다 다시 침묵이 흐른다. 5분쯤 지났을까. 부남 씨가 다시 힘겹게 자리에서 일어난다. 보고 싶은 마음에 찾아오긴 했지만 어색하게 앉아만 있다가 의미가 통하지 않는 말을 몇 마디 주고받은 후 돌아간다.

"귀도 어두워 못 알아듣고, 눈도 나빠서 수술했어요. 두 눈 다 수술했어요. 좋은 데가 하나도 없어."

부남 씨는 그게 친구 집에서 일찍 나온 이유나 되는 것처럼 속상해한다. 부남 씨 집에 다른 친구들이 올 때도 사정은 그리 다르지 않다. 함께 있어도 별 대화가 없다. 혼자 있다가 맞는 손님이 너무 반가운데도 그렇다. 또다시 혼자의 시간. 홀로 있을 때는 당연히, 함께 있어도 외로워지기 쉬운 게 노년일지 모른다. 99

연령에 따른 개념 분류로 임부남 씨와 같은 85세 이상의 노인을 초고령 노인(the oldest-old)이라 한다. 현 한국 사회의 초고령 노인들은 격동의 세월을 살아오며 이 사회를 번영으로 이끈 주역들이지만 이제는 대부분 신체적으로 노쇠하고, 다수가 질병을 앓고 있으며, 사회적 활동이 어려운 상황이다. 경제적인 곤란을 겪고 있는 경우가 많고 가정에서나 사회에서 고립되면서 우울증을 앓는 노인들도 많다.

다수의 고령 노인(the old-old)과 초령 노인(the young-old)에 비해 현재 한국의 초고령 노인은 사회적 관심에서 밀려나 있어 이해가 부족하다.

85세 이상의 초고령자들에게 불편한 몸은 관계를 형성할 때 가장 큰 장애 요소가 된다. 특히 60대 이상이 되면 많은 이들이 '척추관 협착증'과 '퇴행성 관절염'에서 자유로울 수 없다. 근력의 20% 정도가 소실되면서 긴 외출도 어려워진다. 이러한 신체 변화는 노인에게 외부적으로 나타나는 변화 중 하나로 2차적으로는 질병의 발생과 연관된다.

대부분의 사람들은 초고령자들이 아픈 다리와 허리 등 신체 변화에 따른 불편함 때문에 타인과의 관계를 잘 만들지 못할 거라고 생각한다. 그러나 초고령자들이 타인과 관계를 잘 맺

보청기를 사용하는 중도난청은 말소리가 세탁기 소리만큼 커야 대화가 가능하고, 고도난청은 기차가 지나가는 소리 정도라야 들린다. 심도난청인 경우엔 소리가 거의 들리지 않는다.

지 못하고, 그나마 있던 관계도 단절되는 데 가장 영향을 미치는 것은 따로 있다. 바로 청력이다. 보통 40대부터 난청이 시작돼 고음 영역부터 문제가 생긴다. 70대 이후에는 일상생활에 영향을 미칠 정도로 신경과 감각세포가 사라진다. 청력이 저하되면서 노인들은 다른 사람들과 자유롭게 대화하는 데 어려움을 느끼게 되고, 말을 할 때도 자신감을 잃고 여러 사람 안에서는 소외감마저 느끼게 된다.

임부남 씨와 순천댁처럼 관계에 중요한 대화가 원활하게 이루어지지 않을 때 관계의 만족감이나 교류하며 느끼는 충만감은 떨어질 수밖에 없다. 다른 세대와의 교류도 어렵다. 젊은 세대는 노인들이 왜 성량 조절을 못하는지, 왜 늘 소리 지르듯 말을 하는지 이해하지 못한다. 75세 이상 노인의 절반이 이런 청력 장애를 겪고 있다. 인간의 인식 기능 중 가장 빠르게 노화가 진행된다는 청력. 그래서 의도치 않게 관계가 상실되고 새로운 관계를 맺기도 어려워 고립감이 강해지는 초고령자들. 그렇다면 누군가와 함께 사는 경우는 어떨까?

## 왜 말려도 일을 놓지 않을까

66 충청남도 서천에 살고 있는 이형직(95세) 씨는 여전히 현업에서 활동 중인 농부다. 공무원이었던 며느리 신정운(70세) 씨는 퇴직 후 뒤늦게 농사일을 배웠다.

"어머님, 여기에다가 뭐 심을 거예요?"

"응?"

"여기에다가 뭐 심을 거예요?"

"깨 같은 거, 콩 같은 거 심어야지."

"깨하고 콩하고 심는데, 여기에다 옥수수 조금 사다 심으려고요."

"뭐 하려고 옥수수를 심어? 옥수수 여기에 심지 말고 저기 담장 밑에 가면 옥수수가 잘 커."

며느리는 괜히 물어봐서 시어머니에게 핀잔만 들었다. 농사일만큼은 시어머니를 따라갈 수 없다. 100세를 몇 년 앞두고 있지만 시어머니는 긴 세월 해온 농사일에 대해서는 자신만만하다. 며느리 신정운 씨는 남편이 세상을 떠난 후부터 줄곧 시어머니와 단둘이 살고 있다. 남편과의 사별 전, 집안의 결정권은 모두 시어머니에게 있었다. 농사일처럼 아직도 며느리가 지는 부분이 있긴 하지만 그때와 비교하면 지금은 상황이 완전히 달라졌다.

하루에도 몇 번씩 소소한 살림 주도권 다툼이 벌어진다. 식사 시간, 방금 시어머니가 놓은 수저를 냉큼 정리하는 며느리. 시어머니가 수저를 너무 많이 꺼내놓은 것 같아 수저통에 다시 담은 건데, 이런 행동에 시어머니는 심기가 불편해진다.

"늙으니 먹지 말라고 해도 자꾸만 눈칫밥을 먹게 돼. 마음에 드는 며느리가 어디 있어? 다 그렇지."

그러고는 자신이 먹은 밥그릇을 설거지한다. 자신이 쓴 건 꼭 설거지해놓는다. 그래야 밥값을 한 기분이라고 이형직 씨는 말한다. 이것저것 치우다 보니 식사가 늦은 며느리 정운 씨는 시어머니가 먼저 식사를 마치고 일어난 식탁에 앉아 혼자 식사를 한다. 젊은 시절 겪은 호된 시집살이가 아직 정운 씨의 가슴 한쪽에 남아 있다.

"다른 사람에게는 잘하는데 어머님하고는 말을 안 해요. 우리 어머님이 너무 당신 것만 아니까 그냥 말을 안 하고 꽁해 있죠."

두 사람의 관계는 맑았다 흐렸다를 반복한다. 씨앗을 병에

벌레 생겨서 못 살아요
여기에 벌레 생기면 맨날 벌레 잡기 힘들어요

95살 시어머니와 70살 며느리, 동거인으로 살아가는 고부간 자존심 대결은 일상이 되었다.

넣어두는 일을 가지고도 시어머니와 며느리는 한 치의 양보 없이 대화를 이어간다.

"이제는 봄 지나서 습기 차면 곰팡이 나잖아요. 말려서 병에 다가 넣어두려고요."

"병에다가 넣어둘 거 없어, 씨앗은."

"씨앗을 병에 넣어야죠."

"이제 얼마 안 있으면 밭에 심을 텐데……."

"벌레 생겨서 못 살아. 벌레, 벌레. 여기에 벌레 생기면 맨날 벌레 잡기 힘들어서요. 아니, 벌레 생기니까 그러죠."

"뭘 안다고 듣질 않네."

"내 말은 안 듣고 꼭 남의 얘기만 들어요."

"심으려나, 못 심으려나 모르겠네."

"매일 '심으려나, 못 심으려나', 그 소리예요."

예전 같으면 며느리의 말대꾸에 호되게 호통을 치고도 남았
겠지만 시어머니는 참는다. 말 없이 문을 열고 나간다. 시어머
니의 답답한 마음을 위로해주는 건 일거리다. 거동이 불편하
지만 고집스럽게 밭일을 한다. 일하지 않으면 영영 자신을 잃
게 될지도 모른다는 불안감 때문이다.

"나 죽으면 밭일을 누가 해요? 다 안 해요. 못해. 못해먹어
요. 내가 살아 있으니까 내가 하죠. 나 죽으면 아무도 하지 못
해요. 손녀들이 다섯이에요. 서너 집씩 나눠줘도 모자라요."

이형직 씨는 생이 끝나는 마지막 순간까지 이 밭을 떠나지
않을 거라고 말한다. 밭은 평생 형직 씨가 해온 일이자 자존심
이다. **99**

## 인정받는 게 왜 중요할까

이형직 씨가 힘든 몸으로 악착같이 밭일을 놓지 않는 이유는
자신의 존재를 알리고 싶은 욕구 때문이다. 형직 씨에게 밭일
은 자기가 생존할 이유가 충분하다는 것을 확신할 수 있는 일
이다. 인간 생존을 위해 꼭 필요한 이 심리적 욕구를 인정 욕구
라고 한다. 자신이 가치 있는 존재라는 믿음, 다시 말해 자신감
이나 자부심을 갖게 함으로써 살아갈 맛을 느끼게 하고 삶의

이형직 씨에게 밭농사는 존재감을 드러내는 가장 좋은 수단이다.

목표까지 생기게 만드는 기제다.

심리 전문가들은 인간이 인정받기 위해 평생에 걸쳐 투쟁을 벌인다고 설명한다. 그 인정에서 곧 생존할 이유를 찾는 까닭에 인간이 마지막까지 지키고자 하는 욕구 중 하나다. 젊을 때는 열심히 살면서 인정받고, 인정받는 가치에 의지해 살아온 초고령자들이 세월이 흘러 인정받지 못하고 나아가 더는 가치가 없다고 선고하는 세상에 대해 어떤 허무함과 배신감을 느낄지 짐작할 수 있을까. 초고령자의 인정 욕구가 이형직 씨처럼 아집이나 욕심처럼 표현되는 건 이미 세상으로부터 무가치함을 선고받았다고 느끼기 때문일지 모른다.

초고령자들의 인정 욕구는 때로 이해하기 어려운 방식으로 발현된다. 뒤처진 감각이나 낡은 감성을 지적당하기 싫어하는 것도 그 욕구 때문이다. 과거의 자신을 어디서나 통용시키려하는 것도, 자신이 어떤 사람이었는지 또는 어떤 사람인지 알리기 위해 긴 이야기를 하는 것도, 자신이 아직 쓸모 있다는 걸 증명하고 싶어 하는 것도 모두 그 욕구의 표현이다.

# 100세의
# 몸과 마음

❝ 난 1918년생이에요. 서울 용산 태생이에요. 제1한
강교 철교에서 수영했어요. 자전거를 다섯 살부터 타기 시작
했어요. 이게 내 다리예요."

올해 100세가 된 김기룡 씨는 느린 속도지만 자기 다리로 자
전거를 몬다. 오랜 세월 몸에 밴 습관이다. 아내가 먼저 떠나
고 혼자 생활한 지 약 사오십 년 되었다. 집 안은 이것저것 늘
어놓아 어지럽고 빨래는 서툴러도 그는 혼자 사는 게 편하다
고 했다.

오늘도 김기룡 씨가 마당에서 서툴게 빨래를 하고 있는데 이
웃집에 사는 장정례 씨가 기룡 씨를 살피러 들어온다. 정례 씨
는 들어오자마자 마당 빨랫줄에서 물이 뚝뚝 떨어지고 있는

김기룡 씨에게 자전거 타기는 오랜 세월 몸에 밴 습관이다.

빨래를 만지작거린다.

"깨끗하게 헹궜어요?"

"뭐?"

"빨래 깨끗하게 헹궜냐고요?"

"깨끗하지 그럼. 두 번째 빠는 거야."

빨래를 살펴보던 정례 씨가 한숨을 푹 쉰다.

"내가 못 살아. 때가 하나도 안 빠졌어요."

말은 그렇게 해도 정례 씨는 100세 노인이 스스로 빨래를 하고 자기를 몸소 챙기며 사는 것 자체가 대단하다고 생각한다.

정례 씨가 돌아간 후 기룡 씨가 손수 연탄을 간다. 100세에도 누군가에게 의지하지 않고 그처럼 스스로 독립적인 생활을 할 수 있다는 걸 대다수는 상상하지 못할지도 모른다. 신기하게 느껴질 수도 있다. 100세가 보내는 혼자만의 시간은 그리

특별하지 않다. 그는 대부분의 시간을 방 안에서 보낸다. 방바닥에는 생활에 필요한 것들이 그가 손만 뻗으면 되는 거리에 옹기종기 모여 있다. 방문을 열고 손을 뻗으면 바로 닿는 곳에는 막걸리를 놔두었다. 방문 밖이 냉장고다. 벽면은 편리한 수납장이 된다. 청소를 도와주려고 들어온 옆집 정례 씨가 방 안을 둘러보다 묻는다.

"바닥에 뭐가 이렇게 많아요?

"그건 물이야, 물."

"이거 치워야 하지 않아요?"

"됐어. 괜찮아."

"물병 내놔요?"

"아니. 거기 놔둬."

"이거 청소 싹 해줄까요?"

"에이, 관둬, 하지 마."

"왜?"

"아니, 안 해도 돼. 괜찮아."

괜찮긴 뭐가 괜찮냐고 해도 기룡 씨는 지저분해 보이는 방바닥 물건들에 손을 못 대게 한다. 얼핏 보면 이해할 수 없지만 기룡 씨가 방바닥에 물건을 늘어놓은 데는 다 이유가 있다.

"이게 내 살림이에요. 밥해야 하면 해먹고, 하기 싫으면 라면 끓여서 먹고. 몸에 배서 괜찮아요."

당장 생존에 필요한 물건들을 가까운 자리에 배치해 최소한의 움직임만으로 사용하도록 해놓았다. 방 안을 그에게 가장 편안하고 익숙한 환경으로 최적화한 것이다. 방 안뿐만이 아니라 그는 한 마을에서 50년째 살아가면서, 자식들이 함께 살자고 설득해도 결코 이곳을 떠나지 않는다.

"아들네에서는 밥만 먹으면 우두커니 이렇게 앉아 있기만 해요. 창살 없는 감옥이에요. 나는 여기 있으면 밥 먹고, 자전거 타고 빙빙 돌 수 있거든요."

거짓말 조금 보태 눈감고 다닐 수 있을 정도로 익숙한 마을과 집 안이 100세 김기룡 씨에게는 최적의 공간이다. **99**

## 나이 듦에 따라 일어나는 변화들

인간은 독립적 삶에 대한 욕구를 가진다. 이는 김기룡 씨처럼 100세가 되어도 마찬가지다. 자기에게 익숙하고 편안한 곳에서 마지막까지 독립적인 삶을 살고 싶은 욕구. 고령자들이 의존적이고 도움받기를 당연하게 생각할 것 같지만, 100세가 되어도 누구의 도움을 받지 않고 혼자 살아갈 수 있길 바라는 이들이 더 많다. 하지만 초고령기엔 신체적 변화가 급격하게 일어나고, 거기에 맞춰 인간은 스스로 최적화된 공간을 만들

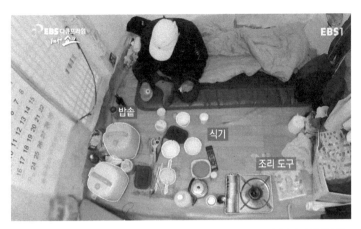

밥솥 식기 조리 도구

지저분해 보이지만, 생존에 필요한 도구들을 가까운 곳에 배치해 방 안을 자신에게 가장 익숙하고 편안한 환경으로 최적화했다.

거나 찾게 된다. 김기룡 씨의 일상에서 볼 수 있듯 100세의 독립생활에는 깨끗한 공간보다 에너지 소비를 최소화하고 낭비하지 않을 수 있는 지저분한 공간이 훨씬 더 안정감을 준다.

예전엔 그렇게 정리정돈과 청소에 부지런을 떨던 부모가 왜 갈수록 물건들을 펼쳐놓고 정신 사납게 사는지 아마도 한 번쯤 의아했던 적이 있을 것이다. 그들은 젊은 시절과 달리 에너지를 아끼며 살아가야 하기 때문에 공간이 지저분해지는 걸 감수하고 필요한 물건들을 자기 손에 잘 닿는 곳, 즉 자신이 쓸 수 있는 에너지에 최적화된 거리의 장소에 쌓아둔다. 보기에는 정신없어 보여도 나름의 배치 규칙이 있다.

초고령자들은 가능한 최소한의 에너지로 일상을 살아간다. 여기서 에너지란 단순히 몸을 움직이기 위한 것만을 얘기하는 게 아니라 뇌와 감각 기능, 소화 기능, 내분비 기능 등 모든 생체 유지 활동에 필요한 에너지를 의미한다. 초고령자가 최소한의 에너지로 살아간다는 건 생체 유지 활동에 필수적인 경우를 제외하고, 아낄 수 있는 에너지는 아끼며 산다는 말이다. 노화에 따른 몸의 변화를 살펴보면 그 이유를 알 수 있다.

생물학적 노화는 보편적인 현상이다. 노인의 70% 정도는 적어도 한 가지 이상의 만성질환을 가지고 있다. 골격근이 감소하면서 운동 능력이 감소하고 면역 체계 역시 크게 약화된다. 특히 시각, 청각, 미각 등 감각기관의 변화는 노인들이 노화 현상을 가장 먼저 자각하는 신호다. 시력의 예민도가 떨어지고, 60세 이후에는 야간 시각 능력도 저하된다. 더 나이가 들면 백내장, 녹내장 등이 증가한다. 청각은 70세부터 30% 정도, 80대에는 절반 이상이 난청이 된다. 미각도 떨어져서 짠맛과 단맛을 잘 느끼지 못한다. 언젠가부터 어머니의 음식 간이 세져서 슬퍼졌다는 이야기를 드물지 않게 들을 수 있다.

뇌 조직의 구조적·생화학적 변화가 결과적으로 기능적인 변화를 일으키기도 한다. 세포 손실이나 세포 능력 감소로 두뇌 기능이 저하되고 학습 능력, 기억력, 자극에 대한 반응력 모두 감소한다. 그러나 간단한 계산이나 어학 공부, 대화, 새로운 경험 등으로 뇌에 계속 자극을 주면 초고령까지 뇌 활동이 향상될 수 있다. 그러므로 뇌에 자극을 줄 수 있는 일상적 뇌 활동이 제일 중요하다. 노인을 지나치게 보호하고 활동 범위를 제어하면 오히려 노화를 촉진할 수 있다고 전문가들은 말한다. 초고령자가 보람을 느낄 수 있는 적극적인 생활이 뇌 활동을 유지하는 데 큰 도움이 된다.

한편, 수면 문제는 초고령자의 인지적 활동과 정서 상태에 영향을 미친다. 보통 40세 이후부터 총 수면 시간이 감소하고 노년기에는 숙면이 힘들어지는데 그 원인이 신체적 활동 감소 때문이라고 하나 감정 불안정성, 죽음에 대한 공포 등이 원인이 될 수도 있다. 불면이 심할 경우 우울증, 조현병, 신경증 등을 동반하기도 한다. 신장과 비뇨기 기능 약화로 생기는 요실금, 야뇨증 같은 증상은 초고령자가 자기 신체 통제력을 상실했다는 당혹감과 상실감을 느끼게 할 수 있다. 다른 세대가 이해할 수 없는 초고령자의 행동들은 다각도로 진행되는 이러한 신체적 변화와 전반적으로 감소된 에너지에 최적화된 것일 가능성이 크다. 최적화를 지향하는 선택은 노인의 정서에서도 나타난다.

## 나이 듦에 따른 신체 변화

| 구분 | 노화에 따른 변화 | 예방법 |
|---|---|---|
| 눈 | 시력의 예민도, 명암 반응력 저하. 수정체에 백내장, 망막에 황반변성 진행 | 정기적인 안검사로 조기 진단 및 치료. 백내장과 노안 동시 수술. 치료 시 황반변성 50% 완치 가능 |
| 귀 | 내이와 청각 중추 변화로 난청 발생. 외이도 벽 얇아지고 신경·감각세포가 죽어 청력 감퇴 | 고음 노출 자제, 보청기 착용 |
| 뇌 | 세포 손실이나 세포 능력 감소로 두뇌 기능 저하. 기억력과 반응시간이 70세 이후 급격하게 감소 | 암기, 계산, 독서, 새로운 경험 등을 통한 지속적 자극 |
| 구강 | 타액 분비 및 타액 프티알린 양이 감소해 소화 기능 저하. 치주질환 등으로 치아 탈락 | 부드러운 섬유질 섭취, 정기적인 치아 검사로 관리 |
| 피부 | 칼슘 침착 증가 및 점액 다당류 감소로 탄력성과 굴곡성 저하. 창백하고 푸석푸석 | 수분 섭취, 적절한 운동 |
| 호흡기(폐) | 숨소리가 쌕쌕거리고 기침이 심하며 호흡 횟수 증가. 폐활량이 40~50% 감소 | 금연, 유산소운동 |
| 심장 | 심장혈관이 좁아지거나 탄력 저하로 심근경색 위험도 상승, 부종 | 정상 혈압 유지, 비만 예방, 규칙적 운동 |
| 목 | 목 디스크, 목 척수 압박으로 팔이 저리거나 팔 힘 감소 | 스트레칭 |
| 다리 | 척추관 협착증으로 허리가 구부러지고 오리걸음 | 칼슘 섭취, 규칙적 운동 |
| 무릎 | 퇴행성 관절염으로 계단을 오를 때 심한 통증. 골다공증 | 칼슘 섭취, 여성은 호르몬 대체 요법 |
| 근육 | 근력 20% 감소 | 근육 운동 |
| 혈관 | 부종과 통증 유발. 심할 경우 혈전 생성 | 식이요법, 유산소운동 |
| 위장·대장 | 위액 분비량 현저히 저하, 소화 흡수 지연 및 악성 빈혈과 세균 감염 위험 증가 | 소식, 부드러운 섬유질 섭취, 유산소운동 |
| 비뇨기 | 콩팥과 방광 기능 약화. 방광에서 소변 저장 용적 감소 | 약물 및 수술로 90% 치료 가능 |
| 호르몬 | 50세 이후 여성은 에스트로겐 감소, 남성은 테스토스테론 감소 | 필요 시 보충 요법 |

## 자기 가치 증명의 욕구

66 새벽 6시, 이른 시간부터 어김없이 빨래를 걷는 이원숙 (가명, 99세) 씨. 빨래를 거실 바닥에 던져놓고 다리미판을 준비한다. 이원숙 씨의 본격적인 일과는 다림질로 시작된다.

"열아홉 살에 결혼해서 맨날 이것만 하고 살았어요."

대부분 출근하는 아들과 손자 것으로, 원숙 씨는 매일 와이셔츠는 물론 속옷까지 정성껏 다린다. 세탁기에 빨면 쭈글쭈글해지는데 이걸 어떻게 그냥 입으라고 주냐면서. 하지만 가족들은 걱정이 태산이다. 아무리 쉬어라, 그만해라 말려도 소용이 없다. 며느리가 대신하겠다고 해도 절대로 다리미를 넘겨주지 않는다. 최근 많이 쇠약해져서 가족들 모두가 나서서 다림질을 만류해보지만 원숙 씨는 절대로 포기하지 않는다. 한번 다리미를 잡으면 서너 시간 다림질은 기본이다. 이불보며 수건이며 주름 하나 없이 다림질한다.

"나는 다림질이 팔자인가 봐."

그리고는 임무를 다 완성했다는 듯 원숙 씨는 지쳐 잠이 든다.

최근 치매 진단을 받은 원숙 씨. 집에 불을 낼 뻔한 적도 여러 번 있었다. 건강과 안전을 위해 가족들이 매일 원숙 씨와 실랑이를 벌이지만 소용 없다. 다음 날 며느리는 고심 끝에 다리미를 숨겨보기로 했다.

"어머니가 지금 몸이 무척 안 좋으시거든요. 어젯밤에도 잠한숨 못 주무셨어요. 당신이 평생 하시던 일이니까 기어이 하시려고 하는데, 체력이 너무 약해지셔서 지금 다리미를 숨겨보려고요. 오늘은 쉬시라고."

며느리 마음을 아는지 모르는지, 원숙 씨는 눈을 뜨자마자여느 날처럼 빨래부터 걷는다. 며느리와 가족들이 나서서 만류해도 예상대로 원숙 씨는 굽히지 않는다.

"아무 걱정하지 마. 뭐든지 자기가 할 수 있으면 하고, 할 수없으면 못하는 거야."

"너무 무리하시니까 그렇죠."

"그런데 다리미가 어디 갔어?"

좀 찾다가 포기할 줄 알았는데 예상은 빗나갔고 원숙 씨는결국 부엌에서 다리미를 찾아내고 만다. 원숙 씨는 왜 그렇게다림질에 집착하는 걸까? 40년 시집살이에 단 한 번도 시어머니에게 혼난 적이 없다. 가난한 시절 다림질과 삯바느질로 자식들을 대학까지 보낸 원숙 씨다. 다림질은 젊은 시절부터 가장 잘하고, 인정받는 일이었다.

"이게 내 직업이에요. 구십 평생 직업이에요. 나 지금 아흔아홉 살인데 다 해요. 안 하는 거 하나 없어요. 구십 아니라 백 살이 되어도 할 수 있으면 해야죠." **99**

❝ 늘 같은 자세로 365일 사진관 출입문을 지키고 서 있는 유동호 씨는 한국사진작가협회를 만든 1세대 사진작가다. 올해 102세인 그는 젊은 시절부터 전 세계를 돌아다닌 이력이 화려하다. 95세까지 20킬로그램이나 되는 짐을 지고 전국 명산을 누볐고, 100세까지 사진 전시를 할 만큼 왕성한 활동을 이어왔다.

"중국에 서른 번 갔다 왔어요. 태국도 여러 번 갔다 오고. 아프리카 케냐도 갔다 왔어요. 사진 하는 사람이 사진 말고 뭐가 있어요? 밥 먹는 것 외에는 사진만 찍고 싶죠. 좋은 데 있으면 다 가보고 싶고요."

유동호 씨는 아프리카 케냐에서 사진 촬영 중 바이러스에 감염돼 생사의 고비를 넘긴 후 활동을 중단하고 사진관으로 매일 출근하고 있다. 집에서 사진관까지 약 21킬로미터나 되는 먼 거리임에도 불구하고 누가 시킨 것도 아닌데 하루도 빠지는 법이 없다. 7시 반에 집을 나서 사진관까지 두 시간 넘게 걸리니 젊은 사람도 지칠 만한 출근길이다.

사진관에서 동호 씨의 역할은 하루 종일 서 있는 것이다. 사진관의 다른 직원들에게 뭐 하나라도 보탬이 되고 싶어 거들어보지만, 의도와 달리 오히려 방해가 되기도 한다. 때론 눈치도 보인다. 그래도 사진관에 오는 건 동호 씨가 아직 살아 있음을 확인하는 작업이기도 하다.

매일 꼬박 두 시간을 걸어 사진관에 도착한 유동호 씨는 하루 종일 사진관에 서 있는다. 습관화된 일상에서 정서적 안정감을 얻는 것이다.

"사람들이 와서 물어보면 가르쳐줘요. 모르는 거, 잘못된 거 있으면 가르쳐주고 그래요."

이제는 이런 일상이 습관이 되었다. 사진관에 와야 동호 씨는 정서적 안정감을 얻는다. 정서적 최적화가 만든 습관인 셈이다. 점심시간에 매일 똑같은 과자를 사는 건 동호 씨의 또 다른 습관이다. 매일 가는 식당 주인에게 주기 위해서다. 매일 같은 시간에 같은 식당, 같은 자리에 앉아 또 변함없이 같은 음식을 주문하는 동호 씨. 9년 동안 변함없이 점심 메뉴는 순두부찌개다. 자연 치아가 없어서 순두부로 식사를 하는데 매번 정성껏 반찬을 챙겨주는 사장님이 고마워 동호 씨는 매일 초코과자를 건넨다.

점심시간을 제외하고 하루 꼬박 6시간을 서서 사진관 밖을 바라보는 동호 씨는 함께 사진작업을 했던 후배와 제자들을 매일 기다린다.

"지금 다 아프대요. 매주 월요일에 나오던 사람도 아파서 아직까지 안 나온다니까요. 전화를 받지 못하잖아요. 귀가 나빠서. 혹시나 하는데 안 와요."

혹시나 하는 기대감은 매일 실망으로 바뀐다. 그래도 동호 씨는 죽기 전까지 사진관에 나올 거라고 말한다. 생애 끝을 향해 가는 100세에게도 존재감을 찾는 일은 오늘을 버티는 힘이 된다. 99

### 노년의 선택에는 이유가 있다

노인 정서의 수동적 특성에 초점을 맞춘 기존의 연구와 달리 최근 전문가들은 노년기의 긍정적·능동적 특성을 반영하는 이론에 주목한다. 노년기에는 새로운 일과 경험, 지적 만족을 추구하기보다는 정서를 잘 유지하고 조절하고자 하는 욕구가 높아진다. 따라서 관계의 폭을 줄여 부적 정서(negative emotion: 우울, 적대감, 슬픔, 죄의식, 불만, 분노 등) 경험을 최소화하고 정적 정서(positive emotion: 행복, 기쁨, 희망, 즐거움 등) 경험을 최대화하려는 정서적 최적화(Effects of emotional optimization) 특성이 두드러진다. 노년이 되면 젊은 시절 가장 잘하고 인정받왔던 일들이 습관으로 남는 것도 인정받은 일을 할 때 정서적으로 안정감을 느끼기 때문이다. 이러한 심리는 초고령자가 될수록 더 강하게 나타난다.

흔히 노인이 되면 고집이 세진다고 한다. 다른 세대가 이해하기 힘든 노인의 고집스런 행동과 경직성은 정서적 최적화 욕구와 관계가 있다. 노화에 따른 신체적 약화와 심리적 변화를 겪는 노인들은 새로운 대상을 접할 때 더 많은 주의력과 조심성이 필요하다. 생각하고 행동하는 것이 예전과 다르다는 걸 스스로 자각하면서 모든 사물에 대한 판단과 그에 따른 행동을 조심하게 된다. 그러다 보면 부적 정서 경험이 늘어난다. 노인이 새로운 경험이나 생활 방식을 수용하거나 시도하기를 꺼리는 이유다.

이러한 노인 심리의 특성은 경직성이나 수동성, 고집 등으로 언급되면서 노인에 대한 부정적 인식을 강화해왔지만 경험적 연구에 의하면 노인들은 젊은 세대에 비해 부적 정서보다 정적 정서와 관련된 정보를 더 잘 기억하는 것으로 나타났다.[1] 또한, 노인들이 부적 정서와 정적 정서를 통합적으로 처리하는 정서 복잡성(emotional complexity: 다양한 정서를 변별하고 통합하는 능력)이 젊은 세대보다 높았다.[2] 한 대상에 대한 복합적인 감정을 이해하거나 양가감정과 정서적 긴장감을 수용하는 능력은 삶의 경험과 맞닿아 있기 때문이다.

나이가 들면 새로운 일이나 경험보다 익숙한 일을 선택하려 한다. 정서적으로 편안한 상태를 만들려는 욕구, 정서적 최적화 때문이다.

물론 정적 정서를 주로 경험하고 부적 정서를 회피하는 정서적 최적화가 언제나 긍정적인 것만은 아니다. 상황의 여러 측면을 고려하고 통합한 후 정서적 최적화를 시도하는 것과 단순히 부적 정서를 회피하기 위한 목적으로 정적 정서에만 초점을 맞추는 것은 사회 정서 적응에 차이가 있을 수밖에 없다고 전문가들은 설명한다.

인간은 자신이 느끼는 행복, 안정적인 느낌을 유지하기 위해 전 생애에 걸쳐 정서 조절을 하고 있으며, 정적 자극을 받을 수 있는 내적·외적 상황을 선택한다. 초고령자의 정서적 최적화를 위한 정서 조절과 선택 역시 그 과정의 연결선상에서, 그들의 신체적·심리적 특징을 연결해 이해할 수 있다.

# 노년의 대표적 심리

### ① 내향성과 수동성

은퇴 후 경제력과 생활력을 상실하면서 심리적으로 내면화
외부 환경에 타인의 도움을 받는 수동적인 자세로 반응
신체적 약화와도 관계

### ② 경직성과 조심성

노화에 따른 신체적 약화가 주의력과 조심성을 요구
예전과 다르다는 자각과 새로운 경험에 대한 두려움
모든 사물에 대한 판단과 행동 조심

### ③ 친근한 대상을 향한 애착심

심리적인 외로움과 소외감, 고독감이 원인
퇴행이나 폐쇄성에 근접하는 경향
과거 지향 심리 표출 현상으로 심리적 안정과 자존감 확보

### ④ 우울증 경향

기본적으로 격리와 상실감이 원인
사회적 역할 상실, 고립감, 가족관계 변화 등이 원인

### ⑤ 회고하고 정리하려는 심리

인생의 마지막 단계라는 인식이 원인
특정 경험에 고착된 감정 해소
죽음을 준비하는 심리

* 인간 발달의 전 과정에서 개인 차이는 노년기에 훨씬 커진다. 노인 심리의 특성과
  같은 노인 대상 연구가 어려운 것은 개인 간 특성 차이가 매우 크기 때문이다.

출처 | Barbara R. Bjorklund, 『성인 및 노인심리학』, 이승연 · 박혜원 · 성현란 옮김(시그마프레스, 2015).

# 100세의
# 감정과 표현

❝ 박진명(가명, 92세) 씨는 매일 한 사람을 그리워하고
있다.

"실버타운 와서 보니까 한 할머니가 있었어요. 남편과 사별
하고 여기로 온 할머니였어요. 할머니가 나를 좋아하고 나도
좋아했고. 그래서 서로 사랑하다가 할머니는 아파서 고향으로
갔죠."

박진명 씨에게 K 씨는 참 고마운 사람이었다. 몸이 약했던
진명 씨를 K 씨는 세심하게 보살펴줬다. 게다가 재능도 많은
사람이었다.

"굉장히 교양 있고 인자하고 학식 있는 할머니예요. 함께 있
는 시간이 아주 좋았어요."

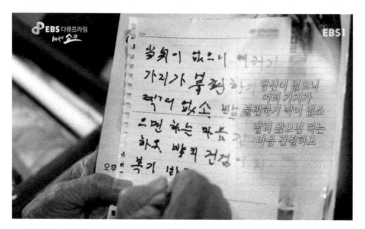

노년이 되어도 관계 욕구는 변하지 않는다. 박진명 씨는 매일 K 씨를 그리워하며 편지를 쓴다.

K 씨를 떠올리는 것만으로도 박진명 씨의 얼굴에 미소가 번진다. 그는 매일 K 씨를 그리워하는 마음을 담아 글을 쓴다.

> 당신이 없으니
> 여러 가지가 불편하기 짝이 없소.
> 빨리 왔으면 하는 마음 간절하오.
> 빨리 건강이 회복되기 바라오.

미래를 약속하거나 관계를 확정하는 방식이 아닌, 가능한 솔직하게 마음을 표현하는 박진명 씨. 남들이야 주책이라 할지 몰라도 노인이라고 해서 있는 마음을 없다고 할 수는 없다. 사랑에 대한 질문에 진명 씨는 잠시 눈을 감았다. 박진명 씨에게 사랑은 따뜻함이자 상호 보살핌이다. 그의 마지막 말의 울림이 크다.

"사랑이란 건 우리가 목숨이 붙어 있는 동안, 그러니까 사랑은 그동안, 언제까지나 있는 거예요. 그 나름대로의 사랑은……." 🙸

## 노년의 성(性)

감정 표현은 대인관계나 삶의 만족감에 중요한 역할을 한다. 자기감정을 상황에 맞게 잘 표현함으로써 타인과 원활한 의사소통을 이끌 수 있고, 관계에서 발생하는 여러 문제를 예방하는 데 도움이 된다. 노인이 맺는 관계에서도 감정의 역할은 다르지 않다. 그러나 직접적 표현 자체를 꺼리는 등 노인의 감정 표현은 다른 세대에 비해 잘 이루어지지 않는다. 심리적·신체적 노화에 따른 관계의 단절 문제가 그 원인이자 결과로 순환되는데, 여기에는 사회적 편견도 적지 않은 영향을 미친다.

특히 노인의 성(性)은 젊은 세대의 그것과 달리 인식되고 터부시되는 경향이 강하다. 젊은 세대의 성이 단순한 욕구가 아닌, 감정과 관계 등의 관점으로 다양한 담론을 형성하고 있는 것과 달리 노인의 성은 민망한 무엇, 나쁜 의미에서 특별한 무엇으로 취급한다. 60대 이후 삶의 많은 부분이 가려지고 왜곡되어 있지만, 그들의 성은 이전 세대에게 대표적인 무지와 몰이해의 영역이다.

혼자 사는 65세 이상의 노인 인구가 100만 명을 넘어섰고, 나이 듦에 관한 인식이 달라지고 있는 흐름 속에서 노인 삶의 질을 논할 때 노인의 성은 빼놓을 수 없다. 노인의 성 역시 신체와 감정을 사용해 자기를 표출하는 욕구이자 자기표현이고 경험이며 몸과 마음의 상태다. 단순히 생물학적으로 또는 생산성을 강조한 관점으로만 접근해서는 안 된다는 말이다. 노인 10명 중 6명이 월 1회 이상 성생활을 하고 있다는 조사 결과에서 짐작할 수 있듯이 노인의 성적 능력과 관계 횟수는 서서히 감소하지만 욕구가 사라지는 것은 아니다. 성생활을 하는 노인이 그렇지 않은 노인보다 삶의 만족도도 높게 나타난다. 물론 건강에도 도움이 된다. 규칙적인 성생활은 뇌전두엽을 자극해 뇌의 노화, 치매, 건망증 등의 진행을 억제한다. 엔도르핀 분비로 행복감이 증가하고 더불어 몸에 이로운 여러 체내물질이 증가한다.

따라서 생물학적 노화나 문화적 터부시를 이유로 노인의 정서적 결속 기회와 친밀성을 추구하는 성생활이 억압되어서는 안 된다. 노인의 성을 사회가 억압하고 마치 존재하지 않는 것처럼 외면할 경우 노인 인권 문제는 물론 성의 음지화, 노인 성병 인구 증가, 노인 성범죄 증가와 같은 문제로 이어질 수 있다. 이 중 어떤 문제는 이미 우려할 수준이다. 전문가들은 노년기 성생활에 대한 사회적 인식의 전환과 함께 노인 스스로가 긍정적이고 개방적인 자세로 전환하고 건강한 수용을 위해 노력하는 것이 관건이라고 말한다. 현 초고령 노인들은 성교육의 기회가 없었고, 여성의 성적 욕망에 대해 지금보다 훨씬 보수적인 시대를 살았기 때문에 오래 산 부부도 성을 주제로 자유롭고 편안하게 대화를 나누지 못한다. 그러다 보니 나이가 들면서 더욱 심화되는 남녀 성욕 불균형과 상호 만족의 중요성을 이해하지 못하는 남성 노인의 성매매, 성범죄까지 이어지는 경우도 적지 않다.

노인의 성은 생물학적 욕구만이 아니라 노인의 사회적 욕구, 인정 욕구, 관계 욕구, 감정 등이 복합적으로 작용하는 것인 만큼 앞으로 더욱 중요하게 다뤄져야 할 것이다. 인간은 마음과 감정을 나눌 때 행복을 느끼고, 성은 그 도구 중 하나다. 노인에게도 그렇다.

## 마음과는 다른 말들

❝ 최순자(가명, 101세) 씨는 19세에 결혼해 이 집에 들어왔다. 이제는 혼자가 되었지만 일주일에 한 번 증손녀가 순자 씨를 보러 온다. 증조할머니가 변함없이 잘 지내는지, 어디 아프진 않은지, 혹시 잘못된 건 아닌지 증손녀는 올 때마다 마음이 불안하다. 별일 없이 지내는 걸 확인해도 퍽 안심이 되지 않는다. 그래서 순자 씨를 보러 올 때마다 같은 말을 하게 된다.

"우리 집에 와서 살자고요, 할머니."

"그런 법이 어디 있니?"

한두 번 하는 대화가 아니다. 증손녀가 몇 번이나 순자 씨를 데려가려고도 했다. 그럴 때마다 순자 씨는 그랬다.

"너도 오래 살고 나도 오래 살고 싶어 그런다. 아무 말도 말아. 나 하는 대로 가만둬."

자녀들과 함께 살기를 거부하는 순자 씨. 아직까지는 혼자서도 잘 지내는 듯 보인다. 매일 반복적으로 무언가를 하며 나름 시간을 보내고 있다. 그런 시간이 좋다. 편하고 행복하다. 그리고 외롭기도 하다.

증손녀는 밥상을 차려 할머니 앞에 놔주고 일어선다.

"너도 가지 말고……."

"나는 가야 해요. 지금 가야 해요. 밥이랑 잘 드시고요."

"안 가면 안 돼?"

"가야 해요. 약속 있어요."

"여기서 자고 가지."

함께 살지 않겠다고 당당히 말할 때와는 달리 돌아가려는 증손녀를 순자 씨가 붙잡는다. 문 앞으로 걸어 나가면서 순자 씨가 말한다.

"애들이나 한번 데리고 와."

멀어지는 증손녀의 뒷모습을 보면서 순자 씨는 갑작스레 외로워진다.

"갔어요. 나하고 함께 자면 좋은데……."

서운함과 아쉬움, 외로움이 섞인 말투와 표정이다. 서로 힘들고 행복해지지 못할 게 뻔해서 함께 살진 않지만 어쩐지 다들 순자 씨만 놔두고 떠난 것 같아 겁이 날 만큼 쓸쓸하기도 하다. 100세가 되어도 희로애락은 온전히 살아 있다. 순자 씨는 표현하지 못하는 그 감정들이 때로 좋았다가 거추장스럽다가 한다. 99

66 임부남(88세) 씨의 표정이 모처럼 밝다. 딸들이 부르는 '엄마!' 소리에 활짝 웃으며 맨발로 맞는 부남 씨. 두 팔이 허우적, 눈가는 촉촉해진다.

"엄마!"

부담이 될까 오지 말라고 말하지만 막상 딸들이 홀로 사는 집에 찾아오면 부남 씨는 누구보다 행복하다.

"아이고, 어떻게 왔대!"

딸들 발에 행여 흙이 묻을까 봐 댓돌에 수건을 깔면서도 웃음이 절로 나온다. 그렇게 기쁠까, 그렇게 좋을까. 부남 씨는 그동안 속마음을 감추고 말하곤 했다.

"어떤 자식들이 함께 살겠어요? 이런 늙은 사람하고. 엄마가 엉뚱한 짓이나 하고 그러면 보려고 하겠어요?"

딸들은 그런 엄마 마음을 이해하면서도 한편으로는 걱정되고 서운한 마음이 든다. 셋째 딸이 부남 씨 어깨를 주무른다. 마주 앉은 딸들과 부남 씨가 주고받는 시선에 애정이 묻어난다. 좋다, 행복하다, 이런 말들이 시선에 뚝뚝 묻어나는데 얼마 전 딸들과의 통화에서 부남 씨는 마음과는 정반대로 말했다.

"너네 먹고살기도 힘든데 그냥 오지 마라. 얼른 끊어라."

뭐 필요한 게 없냐고 해도 없다고, 작은 걸 보내면 다음부터는 보내지 말라고 하는 엄마가 딸들은 애잔하다. 그게 다 딸들 좋으라고 하는 소리 같아서다. 보고 싶으면 "와라!" 이렇게 표현해주는 게 좋은데 그게 또 딸에게 부담이 될까 봐 입을 못 떼는 걸 알아서 미안하다. 그런 미안함, 애틋함, 그리움으로 서로의 손을 잡고, 어깨를 주무르고, 안고, 웃다가 딸들이 돌아간 후 부남 씨는 다시 혼자다. 적막함이 유난하다. 1인분 밥상 앞에 앉아 부남 씨는 딸들 앞에서는 드러내지 않던 감정을 표현한다.

"외롭지만 할 수 없죠. 그냥 살면 넘어가요. 그대로." 〞

## 감정 표현도 연습이 필요하다

연구에 의하면 인간은 나이가 들수록 인지 조절 기능이 쇠퇴하는 반면 감정 조절 기능이 향상된다. 인생에서 남은 시간을 충분히 활용하고 사회적 관계를 유지하려면 감정을 조절해야만 하기 때문이다. 대인관계나 사회생활의 만족도를 높이기 위한 의도된 감정 조절인 셈이다. 노인의 부정적 이미지로 감정 조절을 못하고 공공장소에서 소리를 지르는 모습이 꼽히는 것과는 대조적이지만, 사실 '감정 조절 능력 향상'과 '감정 조절 능력 저하'는 모두 노인의 공통 심리에서 비롯되는 다른 결과다. 최순자 씨나 임부남 씨처럼 자기감정을 잘 표현하지 않고 혼자 조절하며 사는 노인들이 있고, 그러다가 갑자기 억울함과 자식들에 대한 원망으로 분노를 표출하는 노인들도 있다. 어느 쪽도 이상할 게 없다. 육체적 노화나 심리적 위축 상태가 다르면 감정 조절 기능도 차이가 난다. 같은 감정도 사람에 따라 표현하는 방식이 다르다는 당연한 말이 그동안 노인에게는 적용되지 않았다는 게 오히려 이상하다. 마치 노인이라 불리는 사람 모두가 단일한 감정을 가지고 있는 것처럼.

신체나 인지 기능의 변화는 관심을 가지고 보면 가시적으로 드러나는 부분이 있지만 마음에서 일어나는 사건이자 경험인 감정은 나이가 들수록 잘 표현되지 않는다. 80대 이상 초고령 노인들이 살아온 사회·문화적 배경은 감정을 표현하기보다는 참고, 인내하는 게 더 일반적이었다. 자기감정에 집중하거나 적절한 표현법을 학습할 기회가 잘 없기도 했다. 노인의 감정 표현이 수동적이고 경직되어 있는 건 이런 환경적 요인과 더불어 현재 이 사회가 노인을 어떻게 대하는가에 영향을 받은 노인의 심리 상태가 반영된 결과다.

## 가능한 모든 감정이 그들 안에 산다

자기의 명확한 감정을 인식하고, 인식한 감정을 수용하거나 대처하는 일은 인간 삶 전체에 걸쳐 매우 중요하다. 여러 가지 어려움을 안고 있는 100세 노년의 삶에서는 좀 더 중요할지도 모르겠다. 오래 산다는 건 그만큼 더 많은 죽음과 상실과 결핍을 더 오래 경험하게 된다는 의미다. 노인들은 중요했던 존재들을 천천히, 지속적으로, 의지와 상관없이 상실하는 시간을 오늘도 살아가고 있다.

"내가 이렇게 사는 게 후회스럽진 않은데. 남편은 스물일곱 살에 잃고 자식은 얼마 전 앞서 보내고…… 오래 사니까 그게 원통해요. 하루에 열두 번도 더 죽고 싶어도, 죽지도 않고……."

– 유인순(가명, 90세)

"마음속에 병이 생겨요. 말을 못하고 참으니까. 통 울지도 못하고. 아들이 죽어서…… 그런데 마음대로 못하고. 속에 골병이 들어버려서 가끔 숨을 못 쉬고 '혁혁' 그래요."

– 최임남(가명, 88세)

"마지막 가는 사람 보게 좀 해주지. 남편이 다섯 달 꼬박 앓아 누워 있었는데 운명하는 걸 못 봤어요. 염할 때만 가서 보고. 그래서 너무 속상해요."

– 정현정(가명, 88세)

한두 가지 역할 상실부터 감각적·신체적 상실, 은퇴에 따른 사회적 지위 상실 등 평생 가치와 의미를 두었던 것들을 살아가면서 자연스럽게 잃어간다. 이 과정은 심리적으로 심각한 위협이 되기도 한다. 노인의 심리적 문제와 관련해 가장 중심에 있는 것은 바로 죽음이라는 문제다. 자신의 죽음뿐 아니라 가족과 가까운 이들의 앞선 죽음의 문제가 불가피하게 주어진다. 이 지속적인 상실과 죽음의 문제는 노인에게 잘 표출할 수 없는 우울감을 안긴다.

사람들은 노인의 감정이 한참 무뎌졌거나 거의 소멸된 상태일 거라 짐작한다. 감정도 에너지라서 젊었을 때와 같은 횟수와 강도로 표현할 수는 없지만 나이가 들었다고 해서 슬픔이나 외로움, 고통, 절망 등을 느끼지 못하는 게 아니다. 가능한 모든 감정이 노인 마음 안에 산다. 이 감정을 수용하고 표현하는 방식이 다를 뿐이다. 개인마다 그 방식에는 차이가 있으므로 노인 간에도 큰 차이를 보인다.

인간이 누릴 수 있는 최상의 나이, 100세 시대에는 여러 상실과 죽음을 수용하는 노인 감정의 수명 역시 늘어날 것이다. 100년은 그런 감정을 견뎌야 하는 긴 시간이기도 하다. 멈추려 해도 절로 흘러가는 한 조각 구름처럼, 뒷물에 떠밀려 흘러가는 앞물처럼 사랑하는 이들을 먼저 떠나보내는 아픔 속에서도 100년이란 시간은 흘러갈 것이다. 그렇게 삶과 죽음이 공존하는 시간 속에서 인간의 존엄한 삶은 어떻게 가능해질까? 수많은 상실을 견뎌온 노인의 얼굴 앞에서 그 생각은 점점 구체화되는 듯하다.

1   유경 · 민경환, 「연령 증가에 따른 정서 복잡성의 변화가 장노년기 주관적 안녕감에 미치는 영향」, ≪한국노년학≫, 25권, 4호(2005), 189~203쪽.

2   정서 복잡성이 높은 사람은 정서 경험을 잘 이해하고 대처와 공감에 능하며 타인과 정서적 지지를 더 잘 주고받는다.

두 번째 수업

우리는
모두
100년을
산다

# 노인이 되기엔
# 아직 늙지 않은 사람들

❝ 이순연(가명, 62세) 씨는 60대에 들어선 후 줄곧 혼란스럽다. 장년, 노년, 연장자, 시니어, 어르신, 노인, 실버, 어머님, 할머니……. 모두 순연 씨가 듣는 호칭들이다. 그중 어떤 것도 순연 씨가 느끼는 자기정체성과 편안하게 연결되지 않는다. 그도 그럴 것이 요즘 60대는 노인도 아니라는 말과 이제 슬슬 인생을 정리해야 할 때라는 말을 같은 날 연달아 듣는다. 환갑 대신 칠순, 칠순 대신 팔순을 축하하는 일련의 변화 속에 있긴 해도 순연 씨는 해마다 불편한 부분이 늘어나는 몸으로 노화를 실감하고 있다. 물론 순연 씨가 젊었을 때 본 60대와 지금 순연 씨 모습은 많이 달라서, 때로는 한참 늙은 것 같다가도 기분이 좋을 때는 아직 젊다고 느낀다.

얼마 전까지 일을 했던 순연 씨는 무릎 관절염 때문에 일을 그만두면서 '노인'으로 불리는 일이 잦아졌다. 정년을 몇 년 앞둔 친구는 아직 '선생님'으로 불리고, 남편이 교수인 친구는 '사모님'이란 말을 더 자주 듣는다. 그들도 몸 어딘가가 불편하고, 겉으로 드러나는 노화가 확연하지만 이상하게 노인 같지는 않다. 그럼 나는 노인 같은가? 거울 앞에서 순연 씨는 좀 억울해진다. 간혹 나이는 숫자에 불과하다는 말을 하거나 듣지만, 하는 사람도 듣는 사람도 감흥은 없다. 그럴 리가 없다는 걸 모두 알고 있다. 다만 순연 씨는 노인이다, 아니다를 구분하는 기준이 단순히 나이만은 아니라고 생각한다. 살수록 신체 기능이 떨어지는 건 자연스러운 일이고, 누구나 그 필연적인 과정을 시간과 함께 겪지만 누군가는 선생님, 누군가는 사모님, 누군가는 그냥 노인으로 늙어간다.

이런 혼란 속에서 다가올 100세 시대가 순연 씨는 두렵다. 70세 이후는 덤이려니 했는데, 살아온 시간보다 더 어렵고 막막한 시간이 갑자기 하늘에서 툭 떨어진 것 같다. 늙고 아플 때 쓰겠다고 묶어둔 돈과 연금으로는 아무리 계산해도 100세는커녕 80세까지도 버티기 힘들 것 같다. 요즘 노후 준비는 40대부터 해도 늦다더니 영 잘못 산 것 같다. 그래도 결혼해 자기 가정을 꾸린 두 아들에게 부담이 되지는 말아야지, 나중에 손녀 학원비라도 좀 보태줘야 할 텐데. 이런 말을 하면 남편은 화부터 낸다. 괜한 호들갑이라는 거다. 그런가 싶다가도 보통 여성 노인들이 남편 죽고 10년을 혼자 더 살아야 한다니 걱정을 안 할 수가 없다.

순연 씨에게 100세 시대는 앞으로 20~30년을 더 장년, 노년, 연장자, 시니어, 어르신, 노인, 실버, 어머님, 할머니 등으로 살아야 하는 시간이기도 하다. 아무리 그래도 인생의 3분의 1을 노인으로 산다는 건 뭔가 이상하다. 아니, 그보다 노인이 맞긴 맞나? 순연 씨는 잘 모르겠다. **"**


## 7년 후 한국은 초고령사회로

한국의 고령화 속도에 세계가 주목하고 있다. 유럽 국가들이 최소 70년의 시간을 두고 고령화사회에서 고령사회로 서서히 진입한 것과 달리 한국은 불과 15~18년 만에 노인 인구가 급성장하며 초고속으로 고령사회로 진입했다. 전체 인구에서 65세 이상이 차지하는 비율을 고령화율이라고 하는데, 이 비율이 7% 이상이면 '고령화사회', 14% 이상이면 '고령사회', 20% 이상이면 '초고령사회'로 분류한다. 한국은 2000년에 고령화율 6.8%로 고령화사회로 진입했고, 2017년 8월 기준 14%를 넘으면서 고령사회로 접어들었다. 이미 초고령사회인 일본

도 고령화사회에서 고령사회로 진입하기까지 약 25년이 걸렸던 걸 고려하면 엄청난 속도다.[1]

인구 고령화는 전 세계적 사회현상이지만 한국의 고령화 속도는 여러 측면에서 우려를 낳는다. 노인들을 위한 제도와 담론을 형성할 여유가 충분치 않고, 논의가 필요한 사안이나 천천히 인식을 바꿔나가야 할 부분이 속도에 밀려 외면당하기도 쉽기 때문이다. 고령화 속도의 모델로 삼을 만한 선례 부재, 그동안 한국 사회에 축적된 노인 혐오, 세대 갈등과 연령주의, 생계 중심 노인복지의 한계 등 이미 떠안고 있는 조건도 만만치 않다.

이런 속도라면 한국은 2025년에 초고령사회로 진입할 것이다. 녹록치 않은 상황에서 국민 5명 중 1명이 노인이 되는 셈이다. 앞으로 7년. 우리는 무엇을 준비할 수 있을까?

### 다시 인식해야 할 나이 듦

인류 수명 연장의 꿈이 현실이 되고 있다. UN이 호모 헌드레드(Homo Hundred), 100세 시대의 도래를 알린 2009년 이후로도 인류의 기대수명은 점차 높아지고 있다. 과연 장수(長壽)가 인간에게 축복이기만 할까 하는 의구심도 함께 높아지고 있다. 삶의 질과 의미가 수명 이상으로 포기할 수 없는 가치기 때문에 이런 물음은 필연적이다. 우리는 단순히 '오래' 사는 데에 만족할 수 없고, '어떻게' 오래 살 것인가를 고민한다. 그러나 고민할수록 오래, 잘살기가 점점 요원해지는 현실과 마주하게 된다.

고령화에 따른 사회 체질 개선 등 다양한 분야의 준비가 시급함에도 불구하고 여전히 '먼 미래'로 인식되고 논의의 필요성이 공유되지 못하는 사회 현실이 그 하나다. 무엇보다 우리가 가닿을 어떤 나이, 노년이라는 긴 시기, 노인이라는 호명과 정체성에 관한 개개인의 부정적 인식 또한 심각하다. 그동안 나이나 노화는 생의 자연스러운 단계와 현상이 아니라, 개인적으로 꼭 극복하거나 해결해야 할 '문제'로 취급되었다. 노년과 노인도 마찬가지다.

이 사회는 너무나 당연하다는 듯 결핍, 상실, 무지, 가난, 죽음 등을 노인과 연결해놓고 그들 존재를 멀리 떨어뜨려놓고 싶어 한다. 노인 당사자들조차 자기와 다른 노인들을 그렇게 인식한다. 이처럼 나이와 노화, 노년과 노인을 둘러싼 암울하고 부정적인 시선은 그 생애 단계와 시간을 두렵고 피하고 싶은 무엇으로 만든다. 하지만 생각해보자. 우리가 겪게 될 노화나 노년에 대해 스스로 긍정할 수 없다면 어떻게 그 시간과 삶이 행복할 수 있을까?

수명 연장이 행복을 보장하지는 못하지만 그렇다고 불행을 예비하는 것도 아니다. 말하자면, 지금처럼 우리가 삶을 어떻게 받아들이고 살아가느냐에 따라 달라질 시간이 더 연장되는 것뿐이다. 노화가 여러 불편함과 불안함이 느는 현상인 건 분명해도 그 의미를 어떻게 인식하고 살아가느냐에 따라 100세까지 다른 시간이 펼쳐질 수 있다.

노년의 존엄한 삶을 위해서는 경제적 안정만큼 이러한 인식 전환이 필요하다. 나이를 받아들이는 방식, 노년과 노인에 대한 시선이 지금부터라도 달라지지 않으면 늦거나 이르게, 필연적으로 우리는 가장 잔인한 방식으로 쓸모를 증명하라는 요구에 한없이 초라해지는 노인의 자리를 예약할 수밖에 없다.

## 65세도, 90세도 노인?

2017년 기준 한국의 평균수명은 81세(여성 85세, 남성 79세)로, 이는 1960년대 평균수명 52세를 기준으로 한 해 평균 약 0.5세씩 증가한 결과다. 이처럼 노인 인구와 평균수명이 놀라운 속도로 증가하면서 기존의 노년기라는 생애주기 범위와 실제 생애주기 범위가 어긋나고 있다. 그래서 이순연 씨처럼 60대는 노인인가 아닌가, 노인을 구분하는 기준은 나이뿐인가, 나이는 단순히 살아온 햇수만 의미하는가 하는 의문을 갖게 된다. 여기에 65세와 90세가 똑같이 노년기, 노인으로 구분되는 건 적절한가 같은 의문을 더할 수 있다. 현재 우리를 둘러싸고 있는 사회·문화·제도적 시스템은 평균수명 60~70세 때 만들어진 것이어서 일련의 의문과 혼란은 당연하고 자연스럽다.

마찬가지로 '60대지만 내가 노인으로 느껴지지 않는다'는 순연 씨의 고백에서 몇 가지를 다시 생각해볼 수 있다. 우선 사회적으로 누구에게나 똑같이 나이가 적용된다고 해서 개인이 인식하는 나이까지 동일하지는 않다는 점이다. 또, 노인을 구분하는 기준에 변화가 필요하다는 점, 노인 개인차를 특정 연령이나 생애주기의 명명으로는 드러낼 수 없다는 점도 인식 가능하다.

만약 당신이 무인도에서 홀로 살아가게 된다면, 나이로 인한 어떤 사회적 문제도 발생하지 않을 것이다. 나이도, 노화도 모두 사회적 의미를 갖고 우리의 인식을 좌우한다. 하지만 동시에 우리는 그것들을 각자의 방식으로 느끼고 자각한다. 그러므로 나이, 노화, 노인에 대해 이야기할 때는 개인의 노화와 이 사회가 노화를 어떻게 의미화하는지를 함께 다루어야 한다.

## 나이는 숫자에 불과하지 않다

우리가 나이를 인식하는 방식에는 많은 변수가 있다. 살아온 햇수를 의미하는 신체적 나이부터 자기 스스로가 느끼는 주관적 나이까지 노화의 차이를 인식하는 나이의 기준 역시 무척 다양하므로 노년과 노인을 규정짓는 나이도 임의적일 수밖에 없다.

먼저, 연령을 의미하는 생활 나이(chronological age)가 있다. 살아온 햇수로 법률이나 행정절차, 관습의 기준이 되는 나이다. 생물학적 나이(biological age)는 생물학적·생리적 발달과 성숙 수준, 신체적 건강 수준을 나타낸다. 흔히 '몸 나이'라 부른다. 다음으로 경험에 근거한 심리적 성숙과 적응 수준을 나타내는 심리적 나이(psychological age)가 있다. 규범이자 지위가 되는 사회적 나이(social age)는 비교적 쉽게 이해할 수 있다. 이 나이에 맞춰 우리는 학교에 가거나 취직을 한다. 교육 연령과 결혼 및 출산 적령기, 취업과 은퇴 연령 등 사회적 나이와 연결되는 각각의 역할과 기대가 있다.

이와 반대로 오로지 자신이 느끼는 주관적 나이(self-awareness age)가 있다. 자각 연령이라고도 하는데, 급작스런 수명 연장과 노인 인구 팽창으로 자신의 주관적 나이가 사회적 나이, 또는 생물학적 나이와 불일치하는 경험이 늘고 있다. 앞서 살펴본 것처럼 이순연 씨 같은 60대가 늘면서 노년이나 노인에 대한

100세 시대 생애주기별 연령

| 미성년 | | 청년 | | 중년 | 노년 | 장수 노인 |

17세　　　　65세　79세　99세　100세 이상

출처 | UN(2015).

정의와 연령 기준이 달라져야 한다는 목소리가 커지고 있다.

2015년 UN의 '100세 시대 생애주기별 연령'에서는 17세까지 미성년, 17세에서 65세까지가 청년, 65세에서 79세까지 중년, 79세에서 99세까지 노년, 100세 이상은 장수 노인으로 구분하고 있다. 이 생애주기별 연령에 따르면 이순연 씨는 청년이다. 이처럼 나이와 특정 생애주기를 가르고 인식하는 기준은 사회적으로 규정되고 시대에 따라 변해왔다. 아동기를 비롯해, 청소년기, 청년, 중년, 노년 등 인간이 태어나 나이 들면서 자연스럽게 통과하는 단계처럼 규정된 이 개념들이 생긴 지는 그리 오래되지 않았다. 아동기는 17세기에, 청소년기는 19세기 말에 생겼다. 청년, 중년, 노년은 비교적 최근인 20세기 이후에 생긴 것들이다.

평균수명이 길어지면서 청소년이 성인으로 진입하는 햇수가 길어지자 그 사이 단계로 청년이 생긴 것처럼 한국에서도 10년 전부터 중년과 노년 사이에 새로운 단계가 필요하다는 주장과 논의가 진행되고 있다. 노년의 반 정도밖에 되지 않는 아동기

18년은 영아기와 유아기, 취학기, 사춘기 전, 사춘기 등의 기간으로 선명하게 나누어온 걸 보면 그보다 몇 배가 되는 노년이 지금까지 상대적으로 소외되어왔다는 걸 알 수 있다.

현재 학자나 단체에 따라 그 시간을 '젊은 노년', '50＋', '세 번째 무대(the third stage)', '세 번째 장(the third chapter)', '앙코르 커리어(encore career)' 등으로 명명하고 있다. 사회학적 개념으로 자리 잡거나 일반적으로 쓰이기까지는 시간이 조금 더 걸릴 듯하다. 지금과 같은 고령화 추세라면 중년과 노년 사이에 여러 개의 단계가 생길 수도 있다.

## 우리가 상상하던 '그런 노인'은 없다

노인이라는 나이 집단을 구획하는 기준은 꾸준히 변해왔고 변하고 있다. 현재 「노인복지법」에서는 65세 이상을 노인으로 규정하고 있고, 「국민연금법」에서는 60세 이상을 노인으로 본다(연금 납부 연령이 60세 미만). 「노인복지법」상 65세 이상을 노인으로 규정한 건 1889년 독일의 비스마르크가 사회보험제도를 도입하면서 노령연금 수혜 연령을 65세로 정한 걸 기준으로 삼은 것이다. 당시 독일인 평균수명이 49세로, 연금 수령 기준을 65세로 잡은 건 상당히 여유 있는 정책이었다고 할 수 있다.

그러나 평균수명이 거의 2배 가까이 늘어난 지금, 이 기준을 그대로 적용하기는 무리라는 의견이 적지 않다. 2015년에는 대한노인회에서 노인의 연령 기준을 70세로 조정하는 문제를 공론화하자는 입장을 표명했고, 그 전년도에 시행한 노인 대상 설문조사에서 80% 이상이 노인의 기준을 평균 71.7세로 답변하기도 했다. 노인 기준 연령을 높이는 일은 어떤 부분의 해결책이 될 수도 있겠지만 국내 노동자 평균 퇴직 연령이 52.6세임을 감안하면 노인 기준 연령 또는 연금 수령 연령까지의 기간이 너무 길고 암담해진다. 게다가 65세 이상 한국 노인의 상대적 빈곤율은 현재 OECD 국가 중 가장 높다. 이런 상황에서 노인 기준 연령만 높여서는 산재된 노인 관련 문제들을 오히려 악화시키는 결과를 부를 수 있다.

100세 시대를 맞아 정말 필요한 것은 그동안 평면적인 나이나 고정된 이미지로 인식해온 노인을 잊고 새로운 노인을 상상해야 하는 일일지도 모르겠다. 우리가 생각해온 바로 그 노인은 없다. 사실이 그렇다. 대신 그 자리에서 폭넓은 연령대와 다른 개성을 가진 이들이 다른 이름을 기다리고 있다. 여러 다양한 이름들을.

# 100세 시대,
# 축복일까 재앙일까?

❝ 정말 100살까지 살게 될까? 고영준(가명, 47세) 씨는 인류 대부분이 100살까지 살게 될 거라는 100세 시대의 도래를 목격하고 있지만 아직 실감은 없다.

제2차 베이비붐(1968~1974년생) 세대인 동시에 역사상 최초로 평균수명이 100세에 도달할 것으로 예상되는 세대. 말하자면 영준 씨는 100살까지의 삶을 준비해야 하는 첫 번째 세대인 셈이다.

"더 살아야 하니까 돈 걱정할 일이 늘어난 거죠."

아이들 교육비만으로도 여유가 없는데 '100세 시대' 운운하더니 여기저기서 '노후 준비'를 하지 않으면 큰일 난다고 난리다. 지금부터 부지런히 해도 한참 늦은 거라고 한다. 전문가들이 내놓은 은퇴 후 예상 생활비 수준은 영준 씨에게 지금부터 모든 소비를 멈춰야 한다는 경고나 다름없다.

그런데 노후 준비는 돈이 전부인가? 생계비 준비가 노후 준비의 전부라면 좀 이상하지 않나? 100세 시대라는 게 버는 돈 없이 벌어놓은 돈으로 연명해야 하는 시간이 단지 몇십 년 늘어난 것뿐이라면 그 시간 동안 행복할 수 있을까? 영준 씨는 의구심이 든다.

"100세 시대 전에도 그런 말들이 있었잖아요. 오래 사는 게 중요한 게 아니고, 어떻게 사느냐가 중요한 거라는. 70대, 80대라고 해서 살만큼 살았으니까 대충 살다 죽어도 되는 건 아니잖아요. 누구나 한 번 사는 건데."

그래서 영준 씨는 요즘 늙음, 나이 듦, 노화, 노인 등에 관해 다시 생각해보고 있다. 모두 예외 없이 부정적이고 나쁜 이미지와 연결되는 게 새삼 당황스러웠다. 인식을 바꾸려고 노력하고 있다. 세계는 점점 더 큰 가능성을 가지고 확장하는데 자기가 가지고 있는 건 오래전 동네 지도 같아서다. 더 멀리, 오래 걸어야 한다면 그에 맞는 지도를 그려야 하지 않을까? 그저 '오래' 사는 건 의미가 없다. 100세까지 장수한다는 현실이 축복인지 재앙인지 아직은 알 수 없다. **99**

## 막연하고 막막한 시대를 향해

기대수명과 기대여명[2]이 통계청 예측보다 빠르게 증가하고 있다. 의학 발전 속도까지 감안하면 증가 속도는 더 빨라질 전망이다. 기대여명은 최근 20년 사이에 8년 가까이 증가했고, 앞으로 20년 후 현재 45세가 65세가 되었을 때는 기대여명이 29년, 기대수명이 94세로 영준 씨를 비롯한 많은 사람이 100세 이상을 살 것으로 예상된다.

이러한 증가 추세를 고려하면 100세 시대는 이미 와 있다. 그러나 고령화 쇼크, 역풍, 재앙, 위기, 저주, 심각성, 빈곤 문제 등등 100세 시대와 맞물리는 단어들은 이처럼 대체로 무겁다. 단 한 번도 맞이한 적 없는 시대에 대한 막연한 두려움, 노인 빈곤 상황, 은퇴 후 경제지표, 초고령사회로의 초고속 이행 등 깊은 우려가 묻어나는 상황과 조건임을 감안해도 현실로 다가온 '100세 시대'를 바라보는 시선은 지나치게 단선적이다.

우리가 어떤 모습일 거라고 고정해버린 '노인'은 사실 존재하지 않는데도 특정 나이 이상의, 머리가 희끗한 사람들을 한 부류로 묶어버리고, 가난하고 비생산적인 그들이 다수인 시대로 100세 시대를 짐작하는 식이다. 60세부터 100세까지를 단일 집단이라고 보는 시각도 흔하다. 은퇴 후 40년 동안 줄곧 내리막길, 가난, 결핍, 손상, 죽음과 순차적으로 연결될 거라는

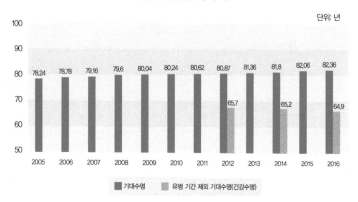

기대수명 및 건강수명 추이

단위: 년

| | 2005 | 2006 | 2007 | 2008 | 2009 | 2010 | 2011 | 2012 | 2013 | 2014 | 2015 | 2016 |
|---|---|---|---|---|---|---|---|---|---|---|---|---|
| 기대수명 | 78.24 | 78.78 | 79.16 | 79.6 | 80.04 | 80.24 | 80.62 | 80.87 | 81.36 | 81.8 | 82.06 | 82.36 |
| 건강수명 | | | | | | | | 65.7 | | 65.2 | | 64.9 |

■ 기대수명    ■ 유병 기간 제외 기대수명(건강수명)

출처 | 통계청, 「생명표, 국가승인통계 제101035호」(2017).

인식은 우리에게 100세 시대를 살아가기 위해서는 더 많은 준비를 해야 한다고 부추긴다. 그래서일까? 부정적인 미래에 대한 불안감이 팽배할수록 노후 준비에 관한 공포 마케팅이 효과를 발휘한다.

노후 준비는 당연히 필요하다. 실제 베이비부머 세대의 은퇴 준비 상황은 미흡한 편이다. 전문가들은 아파트 같은 부동산이 이들 재산의 대부분을 차지하고 있어서 노후 생활비로 충당할 현금 흐름을 만들기 어려운 자산 구조를 가지고 있다고 지적한다. 또한, 2차 베이비부머 세대인 고영준 씨처럼 내 집 마련과 자녀 사교육 때문에 노후를 대비할 여유가 없다.

이런 사정이지만 은퇴 후 돈 걱정으로 불안한 이들을 대상으로 하는 노후 파산, 노인 자살률 등을 앞세운 공포 마케팅은 현실을 부풀리거나 축소한다는 점에서도 부정적이지만 은퇴 후 100세까지의 시간을 단일한 잿빛으로 채색해 다른 상상을 할 수 없게끔 한다는 점에서 더 부정적이다. 100세 혹은 그 이상을 살아갈 사람이 많다는 의미이기도 한 '100세 시대'에 대해 현재 자기 상황과 가능성을 고려한 상상이 우선 필요하다. 영준 씨의 100세 시대는 영준 씨만이 상상할 수 있다.


## 100세 시대의 다양한 가능성


아직 오지 않은 시간을 향하는 막연한 불안은 노인 세대와의 단절에 따른 편견이나 무지와도 관계가 있다. 사회적 약자들의 삶은 쉽게 획일화되어 스테레오 타입으로만 알려진다. 노인들은 장애인처럼 거의 눈에 띄지 않거나 사고나 사건으로 회자되는 소수가 그들 전체를 대표하는 방식으로 알려진다. 이후 살펴보겠지만 노인을 묘사하는 긍정적 표현을 찾기 힘든 세태는 100세 시대에 관한 우려와 불안을 낳는다. 마치 늙는 게 최대의 불행이고, 오래 사는 건 치욕스러운 거라고 온 세상이 합심해 말하고 있는 듯하다. 이런 세상에서 100살 혹은 더 오래 살게 된다는 건 불행을 미리 예약해놓는 일과 다름없지 않은가.

100세 시대를 바라보는 시선은 노인을 향한 사회적 시선과 관련이 깊다. 통념상 사회에 경제적 부담이 되고, 생산도 못하면서 복지 혜택을 독차지하며, 독단적이고 고집만 부리는 존재로만 노인을 바라볼 때 '100세 시대'는 그런 노인들이 30년을 더 사는 시대와 다름없다. '죽은 듯이 조용히' 사는 게 노년 삶의 미덕인 것처럼, 늙음 자체가 마치 이 사회에 피해를 주는 일인 것처럼. 이런 시각을 재조정하지 않으면 100세 시대는 거대한 문제적 시간으로밖에 보이지 않는다.

전문가들은 100세 시대의 도래가 반대로 노인을 재인식하고 관련 편견과 혐오를 약화시킬 좋은 계기가 될 거라고 낙관하기도 한다. 정경희 한국보건사회연구원 고령사회연구센터장은 "다양한 노인 세대의 출현과 그에 다른 욕구 및 이슈의 다양성"을 언급한다. 100세 시대에는 노인 규모가 양적으로만 팽창하는 것이 아니라 다양함의 변수를 안고 사회적 변화를 이끌게 될 것이라는 말이다. 노년을 다루는 학문도 다양해지고 있다. 노인복지학, 노인 경제학, 노인 사회심리학, 노인 간호학, 노인 교육학, 노인 의학, 노인 공학 등 기존 학문에 과학기술을 융합하여 산업과 문화 영역에까지 확대해가는 양상이다.

## 경제적 관점만으로는 안 된다

100세 시대가 폭발적으로 늘어난 비경제적 인구가 사회적 부담이 되는 시대가 될 거라는 시각 맞은편에는 노인이 긍정적인 존재로 살아가기 위해 경제 주체로 재조명되어야 한다는 시각이 존재한다. 100세까지 생산과 소비의 주체로 살 수 있어야 환영받는 시대라는 의미다. 이런 관점에서 이상적인 노인은 경험과 재능, 기술을 보유해 실버 산업의 생산자나 소비자로 사회에 이익을 줄 수 있는 존재이고, 은퇴 후 적극적이고 새로운 커리어를 만들며 '자기 계발'을 계속 연장할 수 있는 이들이다. 가난하고 인생의 즐거움과 풍요로부터 소외되는 존재로서의 노인만큼이나 이런 관점 속 노인은 경제적 의미로서만 부각되는 평면적 모습이다. 철저히 개인의 노력에 의지하는 현재 삶의 양태를 100세까지 쭉 연장해놓은 모습과 다름없다.

어쩌면 고령 친화 산업, 실버 산업이 고령화사회에 새로운 기회와 혁신을 가져다줄 수 있을지 모른다. 우리보다 10년이나 앞서 초고령사회에 진입한 일본 사회에서는, 인공지능(AI: Artificial Intelligence)과, 사물 인터넷(IoT: Internet of Thing) 등 4차 산업혁명 기술을 활용한 고령 친화 산업이 부상하고 있다. 소비 주체로서의 노년을 중심으로 미국과 일본의 실버 산업 사례를 소개하는 보고서가 지속적으로 나오고 있지만, 한국의 경우 현재 65세 이상 노인 빈곤율이 OECD 회원국 가운데 최고 수준이며 갈수록 심화되고 있는 상황에서 그대로 적용하기 힘들다는 의견이 다수다. 노인이 소비 주체가 되는 건 약 1,180만 명에 이르는 베이비부머(1955~1963년생) 세대가 고령 인구에 진입하는 향후 10여 년이 지나야 기대할 수 있는 일이란 것이다. 고령화 현상이 전 세계적으로 확산되고 있으므로 실버 산업이 이전과 비교할 수 없는 규모로 성장하리라는 예상은 자연스럽다.

물론 노인이 경제 주체로 사회적 역할을 충실히 해내고 노인 관련 정책과 복지에 주체적으로 참여하는 경우도 없지 않다. 다만 100세 시대를 생산성 중심 관점으로만 바라본다면 한국 장애인 인구의 반수인 노인 장애인과 가시적 생산과 연결되기 힘든 노동을 주로 하는 여성 노인은 쉽게 소외된다. 또한, 노후 준비가 전적으로 개인 상황과 역량에 좌우되는 구조에서는 고령층 내의 빈곤 인구 문제가 발목을 잡는다.


## 인류 역사상 없었던 새로운 타임라인

개개인의 인식과 사회 · 문화뿐 아니라 정책이 노인을 바라보는 태도도 중요하다. 노인과 나이 드는 과정 그 자체를 경멸

하고 무시하는 정책과 관행 때문에 '노인이 된다는 것'이 병들고 아프고 초라하고 가난해진다는 의미가 된다. 우리는 미래에 가닿을 어떤 시간을 위해 저런 태도에 저항해야 할 것이다.

새로운 시대는 새로운 시각을 요구한다. 우선 우리 곁에 온 100년이라는 시간을 다시 상상하자. 단순히 삶의 시간이 늘어난 것이 아니라 가치의 전복과 기존과 다른 선택이 가능해질 수 있는 계기로서 우리 앞에 놓인 그 시간을 환영하는 것으로 상상은 시작될 수 있다.

100세 시대는 인류 역사에 없던 타임라인을 우리에게 제공한다. 그 시간을 어떻게 준비하고 살아갈 것인가라는 질문으로부터 노인과 노화를 받아들이는 사회학적 패러다임의 전환은 가능해질 것이다.

# 노후 준비
# 강요하는 사회

    66  이연미(가명, 55세) 씨는 얼마 전 노후 준비 관련 교육을 받으러 다녀왔다. 노후 준비라는 말만 들어도 가슴이 답답해왔는데 직장 동료가 금융권에서 준비한 교육이 있다고 함께 가보자고 했다. 대강당에 모인 사람들은 연미 씨와 비슷한 또래로 어딘지 모르게 불안해 보였다. 강사로 나선 전문가가 입을 떼자 사람들의 표정은 더 불안해졌다.

"노후 준비는 60대에는 끝나 있어야 하고, 50대에 시작하면 늦고, 40대가 해야 할 가장 중요한 일이며, 30대부터는 본격적으로 시작해야 하고, 20대부터 한다면 정말 현명한 일입니다."

연미 씨는 노후 준비가 늦었다고 호되게 야단맞은 것처럼 고개를 푹 숙이며 자신도 모르게 한숨을 쉬었다. 노후 준비는

50~60대에 하는 게 아니라고, 전문가는 다시 한 번 강조했다. 늦었으니 그만큼 더 열심히 해야 한다고도 했다. 옆에 앉아 조용히 듣고 있던 직장 동료가 나지막이 중얼거렸다.

"그걸 누가 몰라? 여유가 없으니까 못한 거지."

연미 씨도 마찬가지였다. 대출 갚고 아이들 교육시키는 것만으로도 빠듯하게 살아왔다. 아이 둘을 낳고 재취업해 지금까지 직장에서 버티기 쉽지 않았다. 지금도 정년까지 버틸 수 있을지 자신이 없다. 큰아이가 취직하고 1년 전부터 겨우 한숨을 돌렸다. 중요한 삶의 큰 언덕을 거의 다 넘고 전보다 여유 있게 살 수 있지 않을까 기대했다. 그런데 아직 멀었나 보다. 3년 후 정년을 맞는 남편은 몇 년 사이 병원 출입이 잦다. 연미 씨는 한숨이 절로 나왔다.

국민연금 이외에 따로 마련한 거라곤 매달 넣는 30만 원짜리 개인연금저축뿐이다. 나중에 겨우 용돈 수준이나 될까. 그렇다고 애들에게 기댈 수도 없는 노릇이다. 요즘 젊은 세대가 얼마나 빡빡하고 힘들게 사는지 모르지 않는다. 자식에게 부담이 되고 싶지는 않다. 나름 열심히 산다고 살았는데 남은 건 '내가 잘못 살아온 걸까' 하는 회의감뿐이라 요즘 연미 씨는 우울했다.

그래도 강사가 하는 중요한 말을 놓치지 않으려고 연미 씨는 잔뜩 집중했다. 투덜대던 동료도 옆에서 강사 말을 꼼꼼하게 메모하고 있었다. 때마침 연미 씨의 이번 달 카드 결제 금액을 알리는 문자가 울렸다. 문자를 확인하고 잠시 주변을 둘러보던 연미 씨와 몇몇 눈이 마주쳤다. 하나같이 고단한 표정이었다. 그들이 보는 연미 씨의 표정도 그다지 다를 것 같지 않아서 연미 씨는 얼른 고개를 숙였다. **"**

## 안 하는 게 아니라 못한다

통계청이 발표한 「2017 사회조사」 결과에 따르면 성인 3명 중 1명은 노후 준비를 하지 않는다. 19세 이상 인구 중 노후 준비를 한다고 응답한 비율은 65.4%, 준비하고 있지 않다고 응답한 비율은 34.6%였다. 또한, 노후 준비를 하고 있는 여자는 59.8%, 남자는 71.3%로 남자가 여자보다 높게 나타났고, 연령별로는 30~50대의 노후 준비율이 70% 이상으로 몰려 나타났다. 2016년 조사에서 10명 중 6명이 노후 준비를 하지 않는다고 답변한 것과 비교하면 1년 사이에 노후 준비에 관심을 가지고 준비를 시작한 사람들이 늘었다는 분석이 가능하다. 반면 주된 노후 준비 방법으로 국민연금에 의지하는 비율이 53.5%로 가장 높게 나타나 현실적인 노후 준비 방법이나 실질적 효과는 또 다른 문제임이 드러났다.

노후 준비 여부

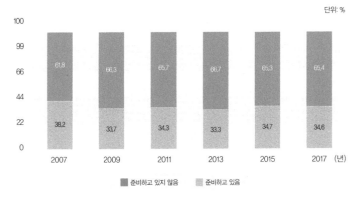

단위: %

| | 2007 | 2009 | 2011 | 2013 | 2015 | 2017 (년) |
|---|---|---|---|---|---|---|
| 준비하고 있지 않음 | 61.8 | 66.3 | 65.7 | 66.7 | 65.3 | 65.4 |
| 준비하고 있음 | 38.2 | 33.7 | 34.3 | 33.3 | 34.7 | 34.6 |

■ 준비하고 있지 않음　■ 준비하고 있음

출처 | 통계청, 「2017 사회조사」(2017).

　일반적으로 노후 준비는 노년기에 겪게 될 어려움에 대비하여 노후에 필요한 자원들을 마련하고 각자 원하는 노후 생활을 유지하기 위한 과정과 계획을 말한다. 혹자는 많은 돈을 가지고 편안하게 사는 것이 행복한 은퇴라 생각하지만 전반적인 삶의 가치와 마찬가지로 각자가 행복하다고 느끼는 노후 일상의 기준은 다 다르다. 노후 준비 영역도 다양할 수 있다. 물론 이러한 차이를 논하는 데에는 기본적인 생계유지 보장이라는 전제가 필요하다. 그게 불가능한 사회일 경우 우리는 현재의 욕구를 억눌러 모은 돈으로 살아가는 미래의 노년 외에 다른 모습을 상상할 수 없게 된다. 떠올리는 미래가 불행하다면 현재도 불행하기 쉽다.

60세 이상 연령대의 노후 준비율은 더 큰 우려를 낳고 있다. 그들 중 54.3%만이 코앞으로 다가온 은퇴 후 시간을 대비하고 있다고 응답했다. 현 노년층의 노후 준비는 이전 세대보다 한층 미흡하다. 더구나 노후 준비를 하지 않고 있다고 응답한 이들의 39.1%는 그 이유로 '준비할 능력이 없음'을 꼽았다. 노후 준비가 경제적 준비만을 의미하지는 않지만 중장년층의 집값, 자녀 교육비 부담은 노후 준비에 큰 걸림돌이다. 연미 씨가 말한 것처럼 많은 이들이 노후 준비의 필요성을 느끼지 못하거나 몰라서가 아니라, 도무지 여유가 없기 때문에 아예 엄두를 내지 못한다. 안 하는 게 아니라 못하는 거라는 말은 과장이 아니다.

## 20대에 중요한 건 80대에도 중요하다

성별, 연령, 교육 수준, 경제 상태, 가족관계 등 다양한 인구 사회적 요인이 노후 준비 수준에 영향을 미친다. 예를 들어 남성은 연령이 높을수록 경제적 노후 준비 수준이 높은 것으로 나타나는 반면, 여성은 낮은 연령일수록 사회적 노후 준비 수준이 높다. 배우자 유무, 자녀와의 다양한 역학관계에 따라 노후 준비 양상이 달라진다. 교육 수준이 높고 경제 상태가 좋을

수록 전반적인 노후 준비 수준이 높게 나타나는 것은 누구나 쉽게 예상할 수 있는 결과다.

이러한 노후 준비 실태를 살피는 연구와 논의 또한 대부분 재무 영역을 중심으로 진행되고 있다. 고용 불안정, 저금리, 불확실성 등을 특징으로 갖는 현재 경제 상황에서 노후 대책을 위해 가장 먼저 노후 자금 준비를 떠올리는 건 어쩌면 당연하다. 여유 있는 노후를 위해 돈은 꼭 필요하다. 그러나 넉넉한 노후 자금만으로 행복한 노년이 가능해지는 건 아니다. 은퇴 후 노년이 가지게 되는 공통된 특징과 사정이 있겠지만 한편으로는 나이와 상관없이 행복한 삶을 위한 공통된 조건도 있다. 돈과 건강, 가족을 비롯한 정서적 지지를 주고받을 수 있는 관계, 삶의 가치에 부합하는 직업 등 20대 삶에서 중요한 건 80대, 90대 삶에서도 중요하다. 더 필요하고 더 중요한 게 있거나 반대로 조금 덜 필요하고 덜 중요한 게 있을 뿐이다.

그렇게 보면 노후 준비는 지금까지 살아온 것을 기반으로 한결 구체화될 수 있다. 크게 신체·심리·경제·사회 영역으로 분류해 논의하기도 쉽다. 건강을 어떻게 유지할 것인가(신체), 은퇴 후 변화에 어떻게 적응하고 대응할 것인가(심리), 생활비를 어떻게 마련할 것인가(경제), 누구와 어울려 살 것인가(사회) 등 영역에 맞는 준비 사항을 고려해 구체화하는 게 중요하다. 어떤 준비가 부족한지, 한 영역에서 부족한 준비를 다른

### 7가지 노후 준비 사항

| 노후 준비 영역 | 노후 준비 사항 | 필요한 질문과 선택 |
|---|---|---|
| 신체 | 건강 | 건강을 어떻게 유지할 것인가? |
| 심리 | 일 | 은퇴 후 어떤 일을 할 것인가? |
| | | 삶의 가치에 맞는 사회활동 및 봉사활동으로 무엇을 할 것인가? |
| | 정서 | 은퇴 후 변화에 어떻게 적응하고 대응할 것인가? |
| 경제 | 재무 | 생활비(현금)를 어떻게 마련할 것인가? |
| | | 의료비 부담을 어떻게 줄일 것인가? |
| 사회 | 주거 | 은퇴 후 어디서 살 것인가?(사회·경제 영역) |
| | 관계 | 은퇴 후 누구와 어울릴 것인가? |
| | 취미 | 은퇴 후 여가 시간을 어떻게 보낼 것인가? |

영역에서 어떻게 상쇄하고 채울 수 있는지 고민하고 선택하는 것. 살면서 누구나 하는 일이다. 노후 준비도 삶의 긴 흐름 안에서 보면 이처럼 살아가는 일의 연속선상에 있다.

## 성실하게 살았어도 노후는 다를 수 있다

66 부산역 앞, 갈 곳 없는 노숙자들을 어렵지 않게 볼 수 있다. 이호진(가명, 70세) 씨도 몇 달 전까지 이곳에서 노숙생활을 했다. 젊었을 때는 남부럽지 않게 살았고, 딸 하나 아들 하나 든든했고, 몸도 건강했으며, 돈 걱정은 해본 적이 없었다. 이호진 씨는 꿈을 꾸는 표정으로 지난날을 회상했다.

"연말에 부산역이랑 광복동에서 구세군 냄비를 보면 지갑 열어 잡히는 대로 줬어요. 돈을 세지도 않았죠."

그렇게 큰 굴곡 없이 이어질 것 같던 이호진 씨의 삶은 무리한 사업 투자로 한순간에 무너졌다. 예상치 못한 일로, 생각해본 적 없는 노년을 맞은 그는 노숙자로 내몰렸다. 여인숙에서 참치 통조림 하나로 끼니를 대신해야 하는 지금 상황이 오히려 더 꿈같을 때도 있다. 하지만 어떻게든 살아가야 한다.

"나는 이렇게 살고 있는 것도 쉽게 말해서 내 운명이라고 생각해요. 그렇게 생각해야 마음 편하게 단 10분이라도 숨 쉬고 살지 안 그러면 못 살아요."

파산의 아픔을 겪은 건 박장이(가명, 65세) 씨도 마찬가지다. 큰 배의 선주였던 그는 일이 잘될 때는 1,000만 원 단위로 돈을 벌어들이며 승승장구했다. 불운은 뜻밖의 곳에서 날아왔다. 중동 오일쇼크로 당시 2~4만 원 하던 기름값이 20만 원 가까이 뛰면서 재산의 80%를 잃었다. 불운은 막을 수도, 피할 수도 없는 것이었지만 불운이 찾아왔을 때 피해를 가능한 최소화할 수 있는 대비를 미리 할 수 있었다면 어땠을까? 장이 씨는 종종 생각한다.

현재 그는 부산의 한 쪽방촌 골목, 가난한 독거노인들이 모여 사는 허름한 여인숙에서 관리인으로 일한다. 자기처럼 뜻밖의 불운으로 미처 준비하지 못한 노후를 맞은 노인들의 고독사를 걱정하면서, 그는 매일 방문을 두드려 투숙객의 안부를 확인한다.

"하루 이틀은 괜찮아요. 그런데 3일쯤 안 보이면 무조건 문을 두드려서 확인해야 해요. 젊은 사람들, 일하는 사람들은 아무 지장 없는데 칠십 다 된 사람들은 조심해야 해요. 무엇보다 외로움이 힘들죠. 돈 만 원 있으면 쪼개서 며칠도 살 수 있지만 외로움은 누구든 쪼개서 살 수 없지 않습니까?" 박장이 씨는 빈곤한 노년을 힘들게 하는 게 경제적 문제만은 아니라고 말한다. 마치 도미노 같다. 경제적 파산이 도화선이 되어 누군가의 보살핌도 받지 못하고, 점차 사회적 관심으로부터 멀어진다. 그리고 혼자가 된다. 가장 무서운 건 그거라고 장이 씨는 말했다. 혼자가 된다는 것. **"**

### 개인의 노력만으로는 힘든 노후 준비

한 은퇴연구소의 보고서에 따르면 한국인의 2018년 은퇴준비지수[3]는 54.5점으로 '주의' 수준이었다. 지난 2014년 57.2점, 2016년 55.2점에 이어 지속적인 하락세를 보이고 있다. 노후 준비의 중요성이 매년 강조되고 공공기관과 금융기관의 노후 준비 서비스 또한 본격화되고 있지만 은퇴 준비 수준은 내리

## 연도별 은퇴준비지수

단위: 점

| | 2014년 | 2016년 | 2018년 |
|---|---|---|---|
| **은퇴준비지수** | 57.2 | 55.2 | **54.5** |
| 자기평가 점수 | 57.7 | 53.3 | **49.6** |
| 실행 점수 | 56.7 | 57.0 | **59.3** |
| 재무 | 53.6 | 61.1 | **67.8** |
| 건강 | 58.2 | 55.6 | **59.1** |
| 활동 | 53.5 | 48.4 | **44.2** |
| 관계 | 62.8 | 59.2 | **59.8** |

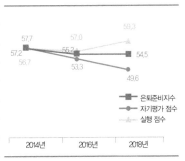

출처: 삼성생명 은퇴연구소, 「은퇴준비지수」(2018).

막길을 걷고 있다. 보고서는 고령사회 진입과 수명 증가 등으로 은퇴 준비에 대한 자신감이 하락하고 노후 불안감이 커진 게 지수의 하락 요인이라고 분석했다. 구체적으로 재무 · 건강 · 활동 · 관계 영역으로 나누어 산출한 점수에서 '재무' 부분은 67.8점으로 양호에 가까웠고 상승 폭 역시 컸다. 보고서는 젊은 층의 저축액 증가를 긍정적으로 평가했지만 재무 점수 상승은 은퇴 준비 자산의 상당 부분을 차지하는 부동산 가격 상승 영향이 크기 때문에 본질적으로 개선됐다고 보기는 어렵다고 설명했다. 은퇴 후 여가 시간 관련 '활동' 부분은 여가 시간이 감소하고, 은퇴 후 여가 시간을 함께할 인적 관계가 축소하면서 44.2점으로 위험 수준이었다. '건강'과 '관계'는 모두 주의 수준이었다.

이런 보고서가 '평생 낭비 없이 성실하게 살아왔는데 왜 이렇게 비참한 노후를 맞아야 하는가'라고 한탄하는 노인들에게 납득할 만한 설명이 되지는 못한다. 그들은 병치레만 하면서 자식에게 부담을 줄까 걱정하고 있다. 노후 빈곤까지 가지 않더라도 경제적으로 자립하기 어려운 상황의 노인들에게 100세 시대는 재앙이나 다름없다. 왜 아니겠는가. 최근 조사 결과 100세까지 수명이 연장되는 것을 축복이라고 생각한다는 답변은 28.7%에 불과했다. 10명 중 7명은 오래 사는 게 마냥 반갑지만은 않다는 얘기다.

노후에 대한 걱정은 많지만 3명 중 1명은 노후 대비를 하지 못하고, 그들 중 누군가에게는 노후 준비는 사치라는 인식이 팽배하다. 또한, 현재 노인 인구의 공적연금에 의한 소득 비율은 10% 미만(일본과 미국은 약 60%, 독일은 약 78%)으로 현재와 미래의 노인들은 암담하고 절박한 현실로 내몰리고 있다. 개인이 노후 자금을 스스로 준비하지 못하는 경우 국가재정의 지원을 받거나 자녀에게 기댈 수밖에 없다. 하지만 둘 모두 쉽지 않은 게 현실이다.

베이비붐 세대가 대거 은퇴하게 되면 문제는 더 심각해질 것이다. 그들의 은퇴가 본격적으로 시작되는 2020년까지 150만 명에 가까운 은퇴자가 배출될 전망이다. 정부가 뒤늦게 내놓은 베이비붐 세대의 대량 실직에 대비한 일자리 대책은 질과는 상관없이 양적으로만 나열한 수준이다. 퇴직 후 자영업에 도전했다가 파산하는 은퇴자들이 계속해서 속출하고 있다.

이런 상황은 개인의 노력만으로는 노후 준비가 불가능한 현실과 정부 정책만을 믿고 노후 준비에 손 놓고 있을 수 없다는 또 다른 현실 모두를 직시하게 한다. 즉, 노후 준비는 제도와 시스템 점검, 연금과 복지 재정의 재정비를 요구하면서 동시에 개인이 할 수 있는 준비는 무엇이고 어떻게 살아갈 것인지 종합적으로 점검하는 것으로 시작할 수밖에 없다.

1     전라남도는 2014년 8월 노인 인구가 20%를 넘어서면서 이미 초고령사회에 진입했다(행정안전부 주민등록 통계 자료 참조).

2     특정 연령의 생존자가 향후 생존할 것으로 기대되는 평균 생존 연수.

3     삼성생명 은퇴연구소가 노후 준비 수준을 평가하기 위해 2014년부터 2년 주기로 조사하고 있으며, 2018년에는 지난 1월 8일부터 2월 2일까지 총 1,953명(서울 수도권 및 광역시 거주 25~74세, 비은퇴자 대상)을 대상으로 온라인 및 개별면접을 통해 조사했다. 은퇴 준비의 필수 항목으로 선정된 재무·건강·활동·관계 영역에 대해 응답자의 '실행 점수'를 먼저 구하고, 은퇴 준비에 대한 주관적 평가인 '자기평가 점수'를 반영해 산출했다. 100점 만점을 기준으로 '위험(0~50점 미만)', '주의(50~70점 미만)', '양호(70~100점)' 등 세 가지로 구분했다.

# 은퇴 준비 체크리스트

## ■ 노후 준비 사항 체크리스트

① 건강을 어떻게 유지할 것인가? □

② 은퇴 후 어떤 일을 할 것인가? □

③ 삶의 가치에 맞는 사회활동 및 봉사활동으로
무엇을 할 것인가? □

④ 은퇴 후 변화에 어떻게 적응하고 대응할 것인가? □

⑤ 생활비(현금)를 어떻게 마련할 것인가? □

⑥ 의료비 부담을 어떻게 줄일 것인가? □

⑦ 은퇴 후 어디서 살 것인가? □

⑧ 은퇴 후 누구와 어울릴 것인가? □

⑨ 은퇴 후 여가 시간을 어떻게 보낼 것인가? □

## ■ 은퇴 후 생활 체크리스트

① 건강한 신체 유지하기 □

② 재무 상태 파악하기 □

③ 긍정적 정서 유지하기 □

④ 노년기에 맞는 삶의 목표 탐색하기 □

⑤ 새로운 친구 사귀기 □

⑥ 자원봉사활동 하기 □

⑦ 좋아하는 일로 취미 만들기 □

⑧ 새로운 지식 교육 받기 □

⑨ 욕망과 지출 조절하기                          ☐

⑩ 인간관계와 취미 그룹 유지하기                  ☐

### ■ 노후 자금 준비 체크리스트

① 현재 준비된 노후 자금 규모를 점검해봤다.       ☐

② 은퇴 후 필요한 생활비를 계산해봤다.           ☐

③ 국민연금 수령액을 확인해봤다.                ☐

④ 직장 퇴직연금이 어느 정도인지 알고 있다.       ☐

⑤ 개인연금에 가입했다.                        ☐

⑥ 전체 자산 중 금융자산 비율이 50% 이상이다.    ☐

⑦ 실손보험에 가입했다.                        ☐

⑧ 중병에 대한 진단보험이 준비되어 있다.         ☐

⑨ 본인과 배우자의 간병비를 별도로 마련했다.      ☐

⑩ 은퇴 후에도 매달 들어올 현금 수입원이 있다.    ☐

세 번째 수업

# 노후 준비, 왜 어려운 걸까?

# 은퇴 후 살아가야 할
# 10만 시간의 무게

66 "아버님한테 맞는 일자리가 없었던 것 같아요."

상담사가 곤란함 반, 미안함 반이 섞인 표정으로 설명했다. 이윤재(가명, 75세) 씨는 상담사가 더 곤란해지지 않도록 일부러 웃는 표정으로 상담실을 나왔다. 문이 닫히자마자 오래 참은 한숨을 짓는다. 일자리를 열심히 찾고 있지만 나이 든 그를 받아줄 곳은 없는 모양이다. 절박한 마음에 집 근처 공사장에 두 번이나 찾아가 부탁도 해봤다. 아무 일이나 좀 달라고, 나이 신경 쓰지 말고 일을 좀 시켜달라고 했지만 나이 때문에 안 된다고 단박에 거절당하고 말았다. 연구원으로 살면서 안정된 삶을 꾸려왔던 윤재 씨가 맞닥뜨린 인생 후반의 삶은 잔인하다 싶을 만큼 과거와 달랐다.

이윤재 씨는 열심히 일자리를 찾지만 나이 든 그를 받아주는 곳은 보이지 않는다.

"자기앞수표 50만 원짜리, 100만 원짜리가 그냥 지갑에 있었어요. 10만 원짜리는 요즘 1,000원짜리처럼 쓰며 살았어요."

퇴직 후 계속된 사업 투자로 파산하기 전까지 윤재 씨는 노후 준비를 할 시간이 충분하리라 생각했다. 고난을 겪고 있는 중에도 다시 일어설 기회가 어렵지 않게 찾아오리라 믿었다. 이렇게 되돌릴 수 없는 상황까지 내몰릴 줄은 몰랐다. 은퇴 후 무리한 투자가 노후 파산으로 이어질 수 있다는 말도 남의 얘기려니 했다. 윤재 씨는 어떤 격류에 휘말려 무방비로 세상 밖으로 내몰리는 기분이다. 어느 정도 여윳돈이 남아 있을 때 창업을 하는 게 나았을까?

하지만 김달수(가명, 57세) 씨를 보면 그것도 대안이 될 수 없었을지 모른다. 달수 씨는 은퇴 후 음식점을 운영하다가 경영

난에 부딪혀 얼마 전 폐업했다. 윤재 씨보다 나이가 적다고 해 은퇴 후 적당한 일자리를 찾기 어렵기는 마찬가지다. 그래서 달수 씨처럼 은퇴한 베이비붐 세대들이 빚을 내면서까지 자영업에 몰린다. 달수 씨도 60대 은퇴자 52%가 창업을 생각하고, 3명 중 2명이 폐업이나 휴업을 한다는 통계를 보면서도 자기와는 무관한 일이라고 여겼다.

"창업하면서 온갖 걱정거리와 어려움을 겪지만 폐업하는 사람들은 그보다 더 무거운 심적 고통을 겪죠. 또 마음의 상처도 많이 받아요."

윤재 씨나 달수 씨가 특별히 운이 나빴거나 능력이 모자라서가 아니다. 은퇴자들 대부분이 갑작스레 길어진 은퇴 후 삶을 위한 대안으로 창업을 고려하지만 그중 20%만이 유지된다. 은퇴 후 삶은 지금도 계속 길어지고 있는데 준비할 겨를은 없다는 점, 실패를 극복하거나 상쇄할 기회는 쉽게 주어지지 않는다는 점이 고령화 속도의 잔인함일지 모른다. 〞

### 너무 빨리 노인이 되는 한국

만 65세 이상 인구가 만 15세 미만 인구를 처음으로 추월한 게 2017년. 이는 행정자치부가 주민등록 통계를 관리하기 시

한국의 인구분포 변화

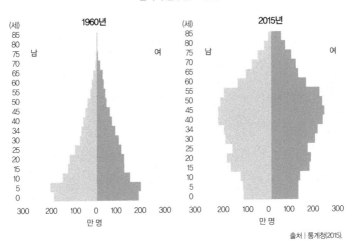

출처 | 통계청(2015).

작한 2008년 이후 기록한 첫 역전이다. 1960년대 한국전쟁 후 베이비붐 세대의 출생으로 아동이 많고 노인이 적은 피라미드형을 유지하던 인구분포는 1980년대 한 가정 한 자녀 산아제한 정책으로 영유아가 다소 줄었다가 2000년에 들어서면서 저출산과 베이비붐 세대의 성장으로 청년층이 가장 많은 항아리형으로 변했다.

2017년에는 출산율 1.05명으로 역대 최저를 기록하면서 영유아 인구는 큰 폭으로 감소한 반면 고령 인구는 급속히 증가했다. 마지막 베이비붐 세대가 노년층에 합류하게 될 2026년 인구분포는 역피라미드형이 될 거라고 전문가들은 예상한다.

지표들을 볼 때 한국의 고령화 비율이 OECD 전체에 비해서 우려할 만큼 높진 않다. 고령화 역시 전 세계적인 현상이다. 다만, 주목해야 할 점은 이 일련의 과정이 세계에서 가장 빠르게 진행되고 있다는 것이다.

이는 고령화가 진행 중인 일본, 미국, 프랑스 등과 비교할 수 없는 속도로, 세계에서도 비슷한 사례를 찾아보기 힘들다. 선례를 따라가면서 배울 만한 국가가 없기 때문에 현재 이 현상을 진단하는 한국 사회 구성원 간의 시각 차이는 불가피하다. 그만큼 입장에 따라 다양한 진단과 분석이 나올 수 있는데 고령화에 따른 사회비용 대비나 전 국민적 노후 준비가 미흡하다는 데에는 이견이 크지 않다.

인구 고령화는 사회·경제 전반에 영향을 미친다. 전문가들은 현재 한국 생산 가능 인구의 20%를 차지하는 베이비붐 세대가 고령화되면서 경제활동 인구의 규모와 비율이 감소될 것이라고 예측한다. 경제 활력의 저하, 환경 변화에 대한 적응력과 노동생산성의 저하로 인한 성장 잠재력 훼손 가능성을 우려하기도 한다. 또한, 생산 담당 인구의 감소는 노동 공급 감소를 의미하며 이는 생산 및 노동생산성 하락과 저축률 하락, 소비 위축, 투자 위축 등의 도미노 현상을 초래하여 경제성장을 둔화시킬 것이라고 내다보고 있다.

이러한 예견은 고령화된 인구가 만들어낼 새로운 직업군과 경제활동, 고령화 연계 산업 등을 고려하지 않았다는 점에서 어디까지나 논의하고 보완해가야 할 의견들이다. 이전 세대보다 자산과 소득수준 측면에서 월등한 베이비붐 세대가 대거 노년층에 진입한 이후의 시간을 현재 지표로 명확히 진단하기에는 무리가 있다. 다만 영향 유무를 짐작할 수 있을 뿐이다.

인구 고령화가 노인복지를 포함한 사회복지 전반에 미칠 영향도 마찬가지다. 노인 부양 문제는 현재 가족 차원에서 국가 차원의 문제로 서서히 전환되고 있다. 전문가들은 지금보다 국가 책임 비율이 높아져야 한다고 말하면서 복지 부분에서도 고령화 속도에 따른 노인 인구 부양을 위한 후세대의 부담과 비용 증가의 속도가 문제라고 지적한다.

너무 많은 것이 너무 빠르게 진행되고 있다. 분배 및 재분배를 둘러싼 갈등과 부양자와 피부양자의 갈등이 형성하는 차별, 혐오가 가시화되는 속도 또한 숨 가쁘다. 앞서 고령화사회를 맞이한 국가들이 적극적인 복지정책으로 문제를 해결해가는 반면, 한국은 현재 노인 빈곤 해결책은 물론이고, 곧 노년층에 접어들 세대를 위한 사회복지의 미비함도 가장 우려되는 수준이다. 이런 속도와 변화 폭에 맞춰 개인이 노후를 대비한다는 건 상상하기 어렵다.

## 롤모델이 없다

극적인 고령화 속도로 인해 참고할 만한 국가가 없는 것과 마찬가지로, 개인에게는 노년을 상상하고 준비할 만한 모델이 없다는 것도 문제다. 젊었을 때부터 옆에서 노인들이 생활하는 걸 지켜보면서 노후 준비를 할 충분할 시간이 있는 다른 나라에 비해 한국 사회는 현재 아버지 세대와 자식 세대가 노후 준비를 동시에 고민해야 되는 특수한 상황이다. 그러다 보니 노인은 노인대로 어렵고 또 얼마 후 노인이 될 연령층들도 어떤 모델이나 기준 없이 노후 준비를 제대로 못하고 있다는 불안감이 크다.

지금 절실한 건 이 극적인 변화의 속도에 휩쓸리지 않고 자기 속도를 고수하며 살아가는 이들이 보여주는 새로운 미래다. 여러 전문가가 제시한 100세 시대를 살아가는 이상적인 인간 유형의 공통점을 살펴보는 게 도움이 될지 모른다. 김숙응 숙명여대 원격대학원 실버산업전공 교수는 "길어진 생존 기간에 대한 라이프 플랜을 수립하고, 생계와 관련된 사항을 잘 고려하며, 시간 활용을 효과적으로 해서 여가 활동의 즐거움도 누릴 줄 아는 유형"이 100세 시대를 잘 살아갈 수 있을 거라고 설명했다. 송인주 서울시 복지재단 연구위원도 "남은 인생에 대해서 정확히 인지하고 '얼마나 더, 어떻게 더' 살아야 될 것인가에 대한 구체적인 계획을 가지고 있는 유형"이 자신의 행복뿐 아니라 가족을 빈곤 상황에 빠지지 않게 할 수 있다고 강조했다.

이 밖에도 100세 현역 시대에 맞는 '은퇴하지 않는 사람 (nevertiree)'과 다양한 연령층과 어울릴 줄 아는 관계 중심적인 사람, 초고령이 되어도 자존감과 자신감을 잃지 않는 사람, 특히 오랫동안 행복하게 자신이 원하는 삶을 사는 사람 등을 이상적인 모델로 꼽았다. 더불어 노인들이 이렇게 살아갈 수 있으려면 공적인 지원만으로는 한계가 있으며, 사회 전체의 제도와 의식이 바뀌어야 한다고 전문가들은 입을 모았다.

노인의 모습은 전에 없이 다양해지는데 노인을 구분하는 기준은 여전히 획일적이라는 점도 노후 준비를 어렵게 한다. 노인의 사회참여도가 높아지고, 나이를 의식하지 않고 적극적인 의사 표시와 행동을 보이는 노인들이 늘고 있지만 여전히 제한된 과거 경험으로 노년 이미지를 부정적으로 고정하는 경우가 많다. 그렇게 형성된 부정적 이미지는 노화에 대한 부정적인 사고로 연결되고 세대 간 갈등으로 이어진다.

이러한 갈등과 사회적 감정이 현재 중장년층의 노후 준비를 더욱 어렵게 하고, 미흡한 노후 준비로 인한 어려움은 또 다른 갈등 요소가 되는 순환 구조이므로 현재 가시화된 여러 갈등과 노인 문제를 간과해서는 안 된다. 무엇보다 노화에 대한 부정적인 인식을 바꾸는 건 긴 시간이 필요한 일이겠지만 전 생애에 걸친 노후 준비의 일환으로 사회가 나서서 지지하고 필요한 교육을 제공해야 한다.

# 우울한
# 지표들

    ❝ 부산의 한 쪽방촌 골목, 가난한 독거노인들이 모여 살고 있는 허름한 여인숙 입구에 적힌 두 이름. 무연고자로 납골당에 있는 사람들이다. 이름을 물끄러미 바라보던 여인숙 관리자 박장이(가명, 65세) 씨가 몸을 돌려 여인숙 안쪽 방들의 문을 하나하나 두드리기 시작한다.

"석기 씨, 문 열어봐요. 밥은 먹고? 될 수 있으면 문을 잠그지 말라고."

"안 잠가요."

"그렇지. 사람들은 언제든지 급할 수 있으니까, 우리가 빨리 와서 문을 열 수 있도록 문 잠그지 말아요."

석기 씨가 고개를 주억거린다. 장이 씨가 걱정하는 건 고독사다. 70세 이상 투숙객들이 이틀 정도 안 보인다 싶으면 무조 건 문을 두드려서 확인한다. 누군가의 보살핌도 받지 못하는 노후의 삶이 적지 않고, 가난과 질병 속에 홀로 죽음을 맞는 이 들이 늘어나고 있다. 고령자의 고독사가 전체의 절반 가까이 를 차지하는 상황에서 장이 씨의 걱정은 괜한 기우가 아니다.

얼마 전에도 혼자 살던 60대 여성이 숨진 지 다섯 달 만에 발 견되었다는 뉴스를 봤다. 어쩌다 한 번 있는 일이려니 했는데 갈수록 비슷한 뉴스가 자주 들린다. 당장 내일 아침에 여인숙 에서 고독사한 무연고 사망자를 발견한다고 해도 그리 놀랍 진 않을 것이다. 그런 생각을 하면 장이 씨의 마음은 무겁기 만 하다.

며칠 후, 장이 씨가 일하는 여인숙 골목으로 강봉희 씨가 서 둘러 들어온다. 장례 자원봉사를 하고 있는 봉희 씨가 연락을 받고 여인숙 골목 입구에 있는 여관으로 급히 들어간다. 고인 의 방 안 한쪽, 어제까지 사용했을 밥그릇이 맨 처음 봉희 씨 눈에 들어온다. 좁은 방 안에 고인이 홀로 버텼을 시간의 고단 함이 남아 있다. 미처 치우지 못한 밥상 위에, 마지막까지 자격 증을 따기 위해 펼쳤을 책과 노트 위에. 봉희 씨가 고인에 대해 아는 거라곤 68세 전후의 남자라는 것 정도다. 그런데도 남긴 흔적들의 익숙함 때문에 꼭 전부터 알았던 사람 같다. 고인의 가족을 찾을 수 있으면 좋으련만. 마침 위층에 머무는 다른 투

좁은 방 안에는 고인이 홀로 지냈던 흔적들이 남아 있다.

숙객과 마주친 봉희 씨는 고인에 대해 묻는다.

"혹시 아는 게 있으면 뭐든 알려주세요. 옆에 계셨으니 잘 아실 것 같은데."

"가족은 없고, 평소에 성격은 조용했어요. 그리고 남에게 베풀기도 잘했습니다. 겨울에 난로나 문이나, 여관에서 고칠 게 있으면 그분이 아주 많이 고쳐줬어요."

작은 것 하나라도 나누려 했다는 고인. 같은 여관에 머물던 이웃은 그를 정 많은 노인으로 기억한다. 고인은 대부분의 시간을 방 안에서 홀로 지냈다고 한다. 봉희 씨는 이제라도 고인의 가족을 찾아주고 싶다. 그도 누군가의 형제이자 부모였을 것이다. 물론 가족을 찾는다고 모든 게 해결되지는 않는다. 장례 비용 부담을 이유로 유가족이 시신 인수를 포기하는 일이 많기 때문이다.

고인의 가족은 끝내 찾지 못했다. 〞

## 고독한 죽음

고독사는 가족 없이 혼자 맞이하고 일정 시간이 지난 뒤 발견되는 죽음을 말한다. 많은 경우 무연고사로 이어지기도 한다. 강봉희(장례지도사협의회 봉사단 대표) 씨는 무연고 고독사 사망자들을 일찌감치 잊힌 사람들이라고 말한다. 죽어서 잊히는 게 아니고 살아 있는 동안 이미 잊힌 사람들. 누군가의 형제, 부모, 이웃이었을 사람들이지만 일찌감치 잊힌 그들의 시신을 인수하고 장례 비용을 부담할 유가족을 찾기 힘들다 보니 무연고 사망자 수는 점점 늘어나고 있다. 그중 60대 이상 노인이 48%를 차지한다.

혼자 사는 노인이 매년 5만 명 이상 증가하고 있고, 사회적 관계가 단절돼 공식적인 돌봄 서비스를 필요로 하는 취약 노인 수는 64만 명 정도로 꼽고 있다. 그들의 고립은 단순히 경제적인 문제가 아니라 복합적인 문제의 연쇄반응의 하나로 일어난다. 송인주 서울시 복지재단 연구위원은 "병들고 아픈 사람이 고립되기도 쉽다. 다른 사람과 전혀 관계를 맺지 않고 살아가는 이들이 그렇지 않은 사람들에 비해 고독사할 확률이 훨씬 높고 실제로도 그런 케이스를 훨씬 많이 볼 수 있다"고 설명한다. 질병으로 인한 사회 관계망 차단과 경제적인 문제가 맞물리면서 고립되고, 복합적인 문제를 해결하지 못하

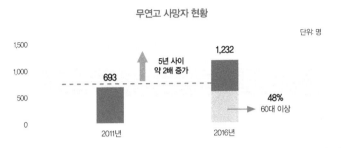

무연고 사망자 현황

단위: 명

1,500

1,000

693

**5년 사이
약 2배 증가**

1,232

500

48%
60대 이상

0

2011년

2016년

출처 | 보건복지부(2016).

고 계속 고립된 삶을 살다가 고독사하는 배경에는 노인 빈곤율 OECD 1위, 노인 자살률 OECD 평균의 3배, 평균 퇴직 연령 OECD 중 최저 등과 같은 우울한 지표들이 잔인한 현실로 버티고 있다.

## 가난한 노년

OECD의 2015년 조사에 따르면 한국의 65세 이상 노인 빈곤율은 약 46%로, 전체 노인의 절반 가까이가 빈곤층에 해당한다. 노인 2명 중 1명이 빈곤층이라는 의미이기도 하다. 전체 OECD 회원국 중 1위의 수치이고, 2위인 멕시코와도 2배 가까이 차이가 나는 심각한 수준이다. 그뿐만이 아니다. OECD 노인 빈곤율은 상대적 빈곤율 즉, 소득수준이 중위소득[1] 50%(98

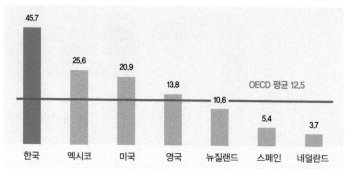

국가별 65세 이상 인구 소득 빈곤율(2014~2015년 기준)

단위: %

45.7 한국
25.6 멕시코
20.9 미국
13.8 영국
OECD 평균 12.5
10.6 뉴질랜드
5.4 스페인
3.7 네덜란드

출처 | OECD(2015).

만 원) 미만인 65세 이상 노인의 비율을 의미하는데, 더 심각한
건 절대 빈곤율이다. 소득수준이 정부가 발표한 최저생계비 미
만인 65세 이상 노인의 비율을 의미하는 절대 빈곤율은 2017년
기준 33%에 달한다.

소득으로만 따지는 OECD 노인 빈곤율의 경우, 부동산과 예
금 등이 합산되지 않기 때문에 45.7% 안에는 서울의 억대 아
파트를 보유하고 자식들에게 용돈을 받아 살아가는 70대 노인
도 이론적으로는 포함될 수 있다는 의견도 있다. 그러나 절대
빈곤율 33%에 해당하는 65세 이상 노인들은 혼자 자생할 수
없는 조건임이 자명하고 연금에도 구멍이 나 있다. 노후 준비
를 위한 복지 정책은 이 절대적 빈곤율을 낮추는 쪽으로 실행

해야 한다고 전문가들은 말한다.

노인 빈곤율이 이처럼 높은 것은 일자리의 질과도 관련이 있다. 한국은 평균 퇴직 연령이 OECD 국가 중 가장 낮은 49.1세다. 가장 오래 근무한 주된 일자리에서는 조기 퇴직이 발생하는 반면 경제활동을 완전히 그만두는 실질 은퇴 연령이 70세를 넘기면서 OECD 평균보다 7~8세 높다. 주된 일자리에서 퇴직해도 20여 년을 더 일해야 하는데 조기 퇴직 후 재취업 시 고용의 질이 확연히 낮아진다. 경력 활용이 어려운 임시 일용직이나 생계형 자영업, 단순한 노무직으로 내몰리면서 임금수준은 주된 일자리 임금의 3분의 1 정도로 떨어진다.

OECD 국가 중 가장 빨리 일자리를 잃고, 값싼 노동력으로 가장 오래 일해야 하는 한국 사회의 구성원들은 과연 행복하게 100세를 맞을 수 있을까?


## 벼랑 끝의 선택

절대 빈곤율은 한국 노인들의 경제적 결핍감을 잘 설명해준다. 이는 다시 노인 우울증과 자살률 상승으로 연결된다. 보건복지부 자료에 따르면 2011년 국내 노인 자살률은 10만 명당 79.7명이지만 2015년이 되면 10만 명당 58.6명으로 크게 감소

하고 2018년 현재 53.5명으로 조금 더 줄었다. 그러나 놀랍게
도 이 수치는 전체 인구 자살률의 2배, OECD 평균의 3배에
해당한다.

전체 인구 중 하루 평균 36명, 40분마다 1명이 자살로 생을
마감하는 사회에서 노인 자살률이 갖는 의미는 더욱 무겁다.
60대 이후 자살률이 종전 연령 수준을 유지하거나 감소하는
게 일반적인 외국의 경우와 대조적으로 이 사회의 자살률은
연령에 비례해 높아진다. 이는 태어나 누구나 모두 예외 없이
가닿게 될 미래 즉, 노년의 삶이 불행하다는 방증으로 받아들
일 수 있다.

노인에게는 상대적으로 가깝고 그리 오래 기다리지 않아도
될 죽음인데 어째서 스스로 달려가 죽음을 맞는가 하는 의문
은, 더 참을 수 없을 만큼 막막했을 그 하루에 대한 상상으로
이어진다. 주어진 생을 열심히 살아 도착한 시간이 그런 상황
이라면 어떤 선택이 더 현명할 수 있을지 말을 보태기 어렵다.
노인의 자살과 자살률은 한 사회의 가짜 철학을 드러내고 진
짜 문제점을 대변한다.

이 같은 양상은 최근 자료에서도 발견할 수 있다. 조사에 따
르면 80대 이상 연령층의 자살률은 인구 10만 명당 78.1명으로
가장 높게 나타났다. 20대 자살률은 16.4명이었으며, 30대와
40대는 각각 24.6명, 29.6명, 50대와 60대는 각각 32.5명, 34.6

연령별 자살 현황

단위: 인구 10만 명당 명

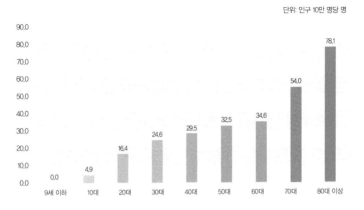

출처 | 보건복지부 · 중앙자살예방센터, 「2018 자살예방백서」(2018.5).

명으로 나타났다. 그리고 70대부터는 급증하여 54.0명, 80대 이상에서는 78.1명으로 최고치를 기록했다.

주된 자살 원인으로 개인의 정신질환이나 질병이 가장 먼저 꼽히지만, 소득 불평등과 같은 경제 · 사회 · 문화적 요인도 큰 영향을 끼친다. 사회학자 에밀 뒤르켐(David Émile Durkheim)은 개인이 사회에 통합되는 방식에 따라 자살 유형을 구분했다. 그중 아노미적 자살은 구성원들이 무규범 상태 혹은 자신이 어디에 소속되어 있는지를 모르는 상태에서 개인에 대한 사회의 규제력 약화, 혹은 응집력 약화의 결과로 발생한다.[2] 급격한 사회변동기나 경제적 위기와 같은 혼란기에 기존 가치관과

규범이 무너지면서 주로 일어나는 자살이다. 한국 노인의 높은 자살률은 이 유형 안에서 이해할 수 있다. 그들은 퇴직으로 인한 역할 상실, 동료 및 가족관계 축소, 실직, 이혼, 경제 위기 등에 직면함과 더불어 초고속으로 진행되는 고령화가 이끄는 급격한 가치관의 변화에도 적응해야 한다.

신체적 문제도 노인 자살 원인에서 큰 비중을 차지한다. 다만, 우울증을 신체 증상으로 대신 호소하거나 표현하는 노인이 많고, 정신적 문제 역시 경제·사회·문화적 요인과 연결되어 있어서 단일한 관점으로 분석하기보다는 다각도의 접근이 필요하다. 예를 들어, 질병에 걸린 후 자식들에게 부담을 주지 않기 위해 자살하는 노인들이 적지 않은 현상을 두고 자살 원인을 질병으로 볼 것인가, 경제·사회적 인프라 부족으로 볼 것인가, 아니면 외로움과 절망 같은 정신적 원인에 연결할 것인가를 고민할 수 있다. 자살로 이어지는 회로는 무척 다양하다. 여느 노인 문제와 마찬가지로 섬세하면서도 폭넓은 분석이 필요하다.

실업률, 빈곤율과 같은 가시적 지표부터 보이지 않는 정신적 문제, 사회규범과 인식의 영향까지 일련의 자살 원인들이 공통적으로 가리키고 있는 건 안타깝게도 '불행한 노후'다. 그러나 질병이나 장애가 경제적 어려움이나 외로움, 가정불화, 실직, 고립 문제, 자살로 이어지는 엘리베이터가 되는 게 당연한 일은 아니다. 제도와 정책이 그 역할을 충실히 한다면 질병이 경제적 어려움으로 반드시 연결되지는 않는다.

# 여성 노인
# 빈곤의 그늘

    **❝** 올해 80세인 조경숙 씨는 비좁은 단칸방에서 혼자 생활하고 있다. 가구 하나 놓을 수 없는 초라한 생활공간에서 기초생활수급자로 어렵게 살고 있는 조경숙 씨는 한국 최초의 사립유치원 교사였다. 옛날 사진 속 그는 존경받는 엘리트 여성의 모습 그대로 젊고 당당하다.

    "이때만 해도 얼마나 좋았어. 이렇게 젊고. 그때 100만 원이면 엄청 큰돈이죠. 웬만한 교수 봉급보다 많았어요."

    경제적인 여유와 높았던 자존감, 아이들이 함께한 빛나던 시절은 사진과 함께 바랬지만 그저 추억이라 하기에는 여러 가지가 마음에 얹힌다. 노후 준비 없이 갑자기 닥친 불행은 그 모든 추억을 떠올리면 슬프고 무거운 기억으로 바꿔놓았다. 나는 아니겠지 하는 여느 사람들처럼 경숙 씨도 자기 노년은 다를 거라고 믿었다. 그때와는 달라져도 너무 달라진 삶. 하루에도 몇 번씩 막막함이 몰려온다.

"내가 일찍 이혼했거든요. 그러고 나서 어디 갈 데가 있었겠어요?"

구절구절 힘들었던 시간을 말로 다 못하고, 경숙 씨는 잠시 먼 곳을 응시하고 앉아 있다. 생활비는 늘 빠듯하다. 기초생활수급비에서 월세를 내고 나면 남은 돈은 얼마 없다. 쓸 수 있는 돈은 항상 부족해 저녁도 우유에 밥 한술 말아 먹는 것이 전부다.

그렇다고 특별히 잘못 산 것 같지 않은데 노후를 준비하지 못한 결과가 이런 삶이라면 어디서부터 후회해야 할지 경숙 씨는 잘 모르겠다.

"힘들 때는 내가 뭘 잘못했나 싶기도 하고, 잘못 살았나 싶기도 해요. 그렇게 생각하는 게 더 마음 편해서 그런가."

그의 마지막 말이 사무친다. 🎵


## 빈곤의 여성화

여성 노인의 빈곤은 구조화되어 있다. 개인의 노력만으로 해결할 수 있는 문제가 아니라는 말이다. 여성 고령자는 남성에 비해 빈곤층으로 추락할 확률이 훨씬 높다. 이는 전 세계적으로 나타나고 있는 현상이지만 다른 문제와 마찬가지로 한국의 경우 더 빠르고 심각한 양상을 띠고 있다. 노인 빈민의 70% 이상이 여성, 빈곤 가구의 절반 이상이 여성 가구주 가구로 '빈곤의 여성화(Feminization of Poverty)[3]'는 계속 심화 중이다.

빈곤의 여성화란 여성의 빈곤은 여성에게 차별적인 사회구조 때문에 발생되는 여성 문제로 인식되어야 한다는 주장과 함께 1978년 미국의 여성 경제학자 다이애나 피어스(Diana Pearce)가 최초로 제기한 개념이다. 당시에는 가족의 생계를 책임지는 여성 가장들이 빈곤층의 절대 다수를 차지하고 있었다.

지금까지 노인 빈곤을 비롯한 노인 문제는 남성 노인을 기본 대상으로 하는 노인복지 차원에서 주로 논의되었다. 사회가 남성 빈곤을 여성의 그것에 비해 심각한 사회문제로 인식해온 경향이 있고, 거기에는 남성을 생계부양자로 인식하는 반면 여성은 독립된 개인이 아닌 의존적인 피부양자로만 인식하는 한계가 있었다.

마찬가지로 그동안 여성 문제라고 하면 가정폭력이나 가정 내에서의 문제에 국한되었지만 고령화사회에 접어들면서 이제 여성 노인의 빈곤이 주요한 여성 문제로 떠올랐다. 여성 노인 문제에는 노인 문제와 여성 문제, 그리고 결코 간과할 수 없는 계급 문제가 교차하고 있다. 정책적 고민과 인식의 전환도 그 교차되는 지점에서 충분히 논의되어야 한다. 노인학, 여성학, 사회학, 심리학 등 연계 학문에서 관련 연구가 이루어져 왔지만 다른 사안과 비교하면 그리 활발하지 않다가 근래 교차성에 주목한 연구들이 늘고 있다.

앞으로 100세 시대에 대면할 여러 노인 문제의 핵심은 여성 노인 문제와 연결되어 있다. 먼저, 인구수와 수명의 차이가 있다. 고령층 인구 중 여성 노인이 60.1%이고, 평균수명도 여성이 남성보다 8세 이상 높다. 그에 반해 여성 노인들이 남성 노인들보다 더 많은 만성질환에 시달리고 있다. 여성 노인의 92.2%가 그렇다. 만성질환에 시달리면서 더 오래 사는 여성 노인들이 많다는 의미다. 소득과 자산이 상대적으로 적은 여성 노인들이.

"노인 문제 중 핵심은 여성 노인의 빈곤 현상이다. 여성 노인은 남성보다 추가로 10년 정도를 더 살아야 한다. 남편의 간호는 부인이 하는데 부인의 간호는 스스로 해결해야 한다. 외롭게 살다가 노후 자금이 부족한 상태에서 질병에 시달리면 스스로 간호를 해결해야 하기 때문에 노후 문제는 여성 노인의 문제라고 할 수 있다."

– 우재룡(한국은퇴연구소 소장)

## 노동시장의 젠더 불평등

여성 노인 빈곤 문제는 두 가지 다른 관점으로 접근할 수 있다. 하나는 과거 남성의 사회 활동에 의존해 대가 없는 가사노동만 해온 여성들이 노인이 되면서 불가피하게 맞닥뜨리는 경우다. 또 하나는 노동시장 내의 성차별이 만드는 남녀 임금격차가 자산과 국민연금 격차로 나타나면서 결국 빈곤으로 이어지는 경우다. 전자는 현재 초고령자 여성 노인들의 삶에 가깝고, 후자는 개선되지 않을 경우 현재 20~30대 여성들이 맞닥뜨릴 미래다.

여기에 OECD에서 네 번째로 높은 남녀 간 경제활동 참가율 격차(2016년 기준 20.5%), 상대적으로 저임금·비정규 일자리에 쏠려 있는 여성의 일자리, 출산과 육아 문제 등으로 경력이 단절된 여성이 재취업 시 감수해야 하는 불이익 등으로 인해 여성의 국민연금 가입은 꾸준히 늘고 있지만 연금수급액은 남성의 60% 정도에 그치고 있다.

통계청에 따르면 일자리 시장 전반의 남녀 고용 격차는 여전하다. 2017년 여성 고용률은 50.8%, 남성 고용률은 71.2%였다. 특히 비정규직 여성 노동자가 363만 2,000명으로 남성 294만 6,000명보다 68만 6,000명이 더 많았다. 월평균임금은 여성이 229만 8,000원으로 남성의 341만 8,000원의 67.2%에 불과

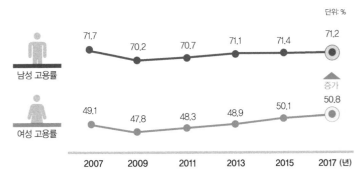

남녀 고용률 추이

단위: %

남성 고용률

71.7  70.2  70.7  71.1  71.4  71.2

증가

여성 고용률

49.1  47.8  48.3  48.9  50.1  50.8

2007  2009  2011  2013  2015  2017 (년)

출처 | 통계청, 「2018 통계로 보는 여성의 삶」(2018).

했다. 이러한 격차가 국민연금의 성별 격차를 만든다. 국민연금보험료와 수급액은 기본적으로 임금 기준으로 정해지므로 저임금은 저연금으로 이어지게 된다.

경력 단절로 국민연금의 가입 기간이 짧아지는 것도 문제다. 이러한 격차와 원인은 고스란히 여성 노인 빈곤 문제로 이어진다. 여성 인적자본 형성과 고용 지위 개선, 성차별적 구조 개선을 위해 현실적이고 가시적인 변화가 있어야 할 시점이다. OECD가 통계를 내기 시작한 2000년 이후 남녀 간 임금격차 1위를 고수하고 있는 한국 사회에서 더는 미룰 수 없는 문제다.

2018년 초 아이슬란드가 세계 최초로 성별 임금 차별을 금지하는 법을 시행했다. 1961년 이후 60년 가까이 남녀 임금 차별

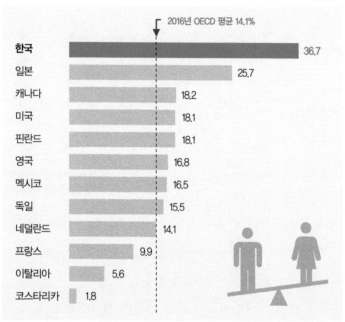

OECD 주요 회원국 성별 임금격차

단위: %

2016년 OECD 평균 14.1%

| 한국 | 36.7 |
| 일본 | 25.7 |
| 캐나다 | 18.2 |
| 미국 | 18.1 |
| 핀란드 | 18.1 |
| 영국 | 16.8 |
| 멕시코 | 16.5 |
| 독일 | 15.5 |
| 네덜란드 | 14.1 |
| 프랑스 | 9.9 |
| 이탈리아 | 5.6 |
| 코스타리카 | 1.8 |

* 남성 중위임금이 100일 때 여성과의 격차, 2016년 혹은 최근치.

출처 | OECD(2016).

철폐를 위해 꾸준히 싸워온 결과, 2022년까지 단계적으로 남녀 임금격차를 좁힌 후 완전히 없앨 계획이라고 한다. 한국은 우선 남성 부양자 모델에 근거한 정책의 개혁과 성별을 고려한 연금제도의 개혁이 시급하다. 이와 관련해 정부는 2019년부터 여성이 임금이나 승진 등에서 차별 대우를 받을 경우 사업주가 손해액의 최대 3배를 물어야 하는 '징벌적 손해배상제'를 도입한다고 예고했다. 같은 해에 「남녀고용평등법」이 5인 미만 전 사업장으로 확대될 예정이기도 하다. 노골적 격차는 사라져도 수당이나 상여금, 임금 외적인 부분에서 차별은 여전히 존재하는 상황에서 이러한 방안이 얼마나 실효성을 거둘지 지켜볼 일이다.

## 배제와 소외로 이어지는 여성 현실

임금격차와 같은 경제적 문제는 숫자로 쉽게 변별되기 때문에 성차별의 가시적인 지표로도 자주 쓰인다. 하지만 지표로 드러낼 수 없는, 성차별이 원인이 된 심리적·정서적 문제에는 보다 섬세한 분석이 필요하다. 가령, 여성은 남성보다 '노인이 되었다'고 자각하고 혹은 사회적으로 구분되는 시기가 빠르다. 가정 내 역할은 물론이고 사회에서도 역할의 모호함을 경험하게 되고, 주체적 의사 결정에서 일찌감치 밀려나며 소외되기 쉽다. 여성이 경험하는 가족 구성원의 병치레나 사별 등 특정한 생애 사건에서 요구되는 여성의 성역할 부담도 크다. 여성이 돌봄노동에 내몰려 소득 기회를 상실하고, 가정의 경제적 자원에 대한 통제권을 상실하는 것도 성차별로 비롯된 결과다.

현재 초고령자 여성 노인은 일반적인 가사노동부터 배우자를 위한 돌봄노동을 일차적으로 담당하는 역할까지 혼자 수행했거나, 하고 있다. 그들 역시 돌봄노동을 받아야 할 대상임에도 불구하고 가족 구성원의 돌봄노동을 담당하고 있는데, 사회적으로 배제되면서 여성 노인은 어떤 역할도 담당하지 않는 것으로 간주된다. 전 생애에 걸쳐 여성들에게 요구되던 젊음과 아름다움이 사라진 여성 노인들이 느끼는 배제와 소외의 감각은 1인 여성 노인 가구가 늘어나면서 더욱 심화된다. 이 세대의 여성 노인은 사회관계망도 제한된 탓에 여가 활동과 같은 사회적 활동에도 적극적이지 못하다.

여성 노인 빈곤 문제를 완화할 제도와 정책을 마련함에 있어 여성들이 더 오래 살고, 만성질환에 더 많이 시달리고, 높은 비율로 더 가난하고, 돌봄노동을 떠안고 있으며, 전 생애에 걸쳐 작동되는 차별에 노출되어 있는 여성의 특수한 현실을 반드시 고려해야만 한다. 여성의 전 생애에 걸친 성차별적 지위로 인해 여성은 여러 빈곤 위험에 노출된다. 현재 여성 노인 세대가 겪어온 삶에서 여성들만이 겪는 어려움의 원인을 분석하고 그 해결 방법을 찾는 것은 이 사회의 노인 문제, 여성 문제, 계급 문제를 연결해 통합적으로 지원할 수 있는 정책 마련의 출발점이 될 수 있다.

# 노인 혐오하는
# 사회

젊음과 생산성이라는 자본주의적 가치가 중시되는 사회에서 노인은 대개 무용한 존재로 인식된다. 노동시장에서 밀려난 노인들은 사회적 역할을 상실하면서 경제 의존적 존재가 되고 사회적 지위는 상대적으로 낮아진다. 자연히 노인 대상 연금제도나 의료 서비스 등 사회비용 증가와 세대 간 형평성 문제가 대두된다. 이런 상황은 노인에 대한 부정적 태도와 인식, 편견 형성에 영향을 미친다. 노인이라는 이유만으로 부정적 태도와 나이에 따른 차별을 겪게 되는 것이다. 즉, 특정 집단에 대한 부정적이고 비현실적 관점을 견지하는 타인종 혐오나 여성 혐오처럼, 노인 개개인의 특성과 상황은 무시한 채 부정적 이미지를 씌우고 차별을 정당화하는 노인 혐오로 나타

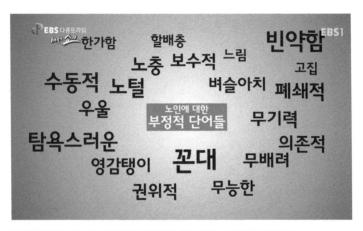

노인에 대한 부정적 이미지들은 한국 사회에서 노인을 일컫는 말들에서도 드러난다.

난다. 노인이 된다고 해서 기본 인권이 탈락되는 게 아닌데도 그렇다.

노인 혐오는 젊은 세대뿐 아니라 노인 당사자들에게서도 쉽게 발견된다. 노인 개인이 경험한 차별이 노인의 자아나 정체감에 영향을 미치고 그렇게 형성된 인식이 다시금 다른 노인들을 판단하는 잣대로 작동한다. 그들은 노인 혐오에 적극적으로 대응하기보다는 자신을 '그런 노인들'과 구분하려 애쓴다. 일상적으로 사용되고 있는 '노인'이란 말은 사실 정의 자체가 명확하지 않지만 '그런 노인들'은 비하와 구별의 의도로 그 의미가 명확하다.

'그런 노인들'에 대한 편견과 오해, 잘못된 정보는 웹상에서도 넘쳐난다. 다른 약자 집단이 자신들에 관한 편협하고 왜곡된 정보에 당사자성을 가지고 항변하고 싸우는 것과 달리 노인 당사자들은 스스로 변호하거나 잘못된 정보를 바로잡거나 편견에 대항하는 등의 개입을 하기 힘들다. 젊은 세대에 비해 일반적인 웹 정체성을 가진 노인 세대는 드물다. 갈수록 거칠어지는 웹상의 노인 비하어가 무엇을, 누굴 의미하는지조차 모르는 노인들이 더 많다. 노인 혐오가 넘쳐나는 웹상에 노인에 대한 틀린 정보를 바로잡거나, 점점 자극적으로 변하는 비하어를 정화하려는 시도는 잘 일어나지 않는다. 충분한 수의 노인이 그곳에 없기 때문이다.

베이비붐 세대가 대거 은퇴하고 노인 세대로 편입되는 시점에는 지금과는 다른 양상이 펼쳐질지 모른다. 그러나 웹상이든 지하철 노약자석 앞에서든 현재 통용되는 노인에 대한 부정적 이미지는 미래의 노인 세대들에게도 영향을 미쳐 그들이 '그런 노인들'과는 다르게 경제활동을 하는 노인, 늙지 않는 노인, 생산적인 노인, 젊은 세대에게 의지하지 않는 노인이 되기 위해 애쓰는 걸 노후 준비라고 믿게끔 할 것이다. 노인 수가 증가한 그때라면 '그런 노인들'에 대한 배제가 오히려 지금보다 더 쉽고 무분별하게 일어날 수 있다.

## 노인 편견 실험

**노인에 대한 부정적 인식은 실제로 어느 정도일까?**

실험은 청년과 노인 각각 20명을 대상으로 실시했다. 방법은 간단하다. 컴퓨터 화면에 나타난 사진이나 단어를 적절한 범주에 포함시키는 것이다. 가령, 사자가 나타나면 동물로 구분하고 사과가 나오면 과일로 구분하면 된다. 화면 위의 오른쪽과 왼쪽에 각각 한 가지씩 두 범주가 제시되고, 화면 중앙에 범주에 포함시킬 사진이나 단어가 나타난다. 실험이 시작되면, 화면 중앙의 사진이나 단어가 왼쪽 범주에 속할 경우 왼쪽 키를, 오른쪽 범주에 속할 경우에는 오른쪽 키를 누르는 과제를 수행한다.

이 과제는 이미지 사진과 연관된 단어를 선택할 때의 반응속도와 관련이 있다. 보통 사람들의 겉으로 드러나지 않는 편견에 대한 자동적인 반응을 통해 무의식 속에 존재하는 선호도가 드러난다. 실험 예시는 청년-긍정적 단어, 청년-부정적 단어, 노인-긍정적 단어, 노인-부정적 단어와 같이 네 조건으로 조합되어 있다. 청년-긍정적 단어와 노인-부정적 단어 조합에는 빠르게 반응하지만, 청년-부정적 단어와 노인-긍정적 단어 조합에는 좀 더 느리게 반응하게 된다. 이 반응속도로 노인을 부정적으로 생각하고 청년을 긍정적으로 생각한다는 걸 알 수 있다. 이 프로그램은 암묵적 편견 실험에서 많이 사용되는데, 특히 이번 실험에서는 노인을 긍정과 부정으로 나누었을 때 어느 쪽 조합에 더 빠른 반응을 보이는지 집중해서 살펴보았다.

실험 결과, 청년 그룹의 실험에서는 노인과 부정적 단어를 연관 지을 때 반응속도가 더 빠르게 나타났다. 노인 그룹은 다를까? 결과는 그렇지 않았다. 노인 그룹도 노인과 부정적 단어를 연관 지을 때 반응속도가 더 빨랐다. '병들고', '쓸쓸하고', '외롭고', '무기력함' 같은 단어들은 빠르게 노인과 연결되었다. 청년과 노인 모두가 노인에 대한 부정적 인식을 드러낸 것이다. 실험에 참가한 이영미(가명, 79세) 씨도 실험이 끝난 후 인터뷰에서 그런 인식을 드러냈다.

"노인이 무슨 쓸모가 있어요? 밥이나 축내죠."

정순둘 이화여자대학교 사회복지학과 교수는 "노인이 가지고 있는 잠재력도 있지만 사회에서 '생산성'이라는 잣대를 가지고 재다 보니 노인에 대한 부정적인 인식이 생겨난다"라고 말한다.

청년 그룹의 일원이었던 이유리(가명, 20세) 씨도 실험 후 자신이 암묵적으로 가지고 있던 인식에 놀랐다.

"누르다 보니까 저도 모르게 부정적인 단어가 나오면 노인을 누르고 있더라고요. '아, 이건 잘못 눌렀네'라고 생각하면서 또 저도 모르는 사이에 부정적인 단어가 나오면 노인과 조합하고 있어서 놀랐어요."

2017년 현대경제연구원이 성인 남녀 1,005명을 대상으로 한 조사에 따르면 노인에 대한 이미지는 3명 중 1명(34.3%)만이 '긍정적'이라 응답했고 54.3%가 '중립적', 11.3%가 '부정적'이라고 했다. 위의 편견 실험에서는 청년 그룹과 노인 그룹이 비슷한 비율로 노인에 대한 부정적 인식을 드러냈지만, 현대경제연구원 조사에서는 20대의 40.2%가 노인을 긍정적으로 본 데 반해 60대 이상은 27.3%만이 긍정적으로 보며 오히려 고령층이 자기 세대에 대해 긍정적으로 생각하지 않는 비율이 높았다. 조사 결과는 노인 혐오나 연령주의를 젊은 세대와 노인 세대의 갈등 대결로 접근하는 게 적절하지 못하다는 걸 보여준다.

## 나이보다 젊어 보인다는 건 칭찬일까

에이지즘(ageism)은 1969년 노인의학 전문의인 로버트 버틀러(Robert Butler)가 노인에 대한 차별에 주목하고 만든 용어다. 연령주의, 연령 차별주의 혹은 노인 차별이라고도 한다. 나이와 노인, 노화 과정에 대한 전반적인 편견이 결합된 연령주의는 노인에 대한 공공연한 비난과 편견, 과도한 권한 부여와 소외 등을 의식·무의식적으로 행하는 태도를 가리킨다. 이는 사회적으로 표면에 드러나기도 하지만 개인의 내면에서 부지불식간에 발생하기도 한다고 버틀러는 지적한다. 앞선 '노인 편견 실험' 결과처럼 대부분 '나이는 숫자에 불과하다'라고 말하면서 자신도 모르게 나이에 대한 고정관념을 내면화한다. 차별을 차별로 인지하지 못하고 행한다는 말이기도 하다. 그 나이에 위험하다거나, 하면 안 된다거나 하는 나이를 이유로 만류하는 모든 일들 또, '나이보다 훨씬 젊어 보인다'는 말 속에도 연령주의는 깔려 있다.

나이는 많은 변화를 동반하지만 한 인간이 부여받은 기본 인권이 나이에 따라 변하거나 약화될 수는 없다. 연령주의는 부정적 태도나 단편적 차별에 국한되지 않고 의료 혜택, 취업, 재화와 서비스, 정보와 교육에 대한 접근 가능성 여부로 확장된다. 노인은 이러한 차별 때문에 사회에서 일어나는 많은 일들에 접속할 수 있는 통로가 막히고 참여 불가의 장벽에 부딪힌다. 이럴 경우 노인은 살아가기 위해 타인에 의존하게 된다. 결과적으로 노인 개인의 자율성과 독립성이 훼손되면서 무관심이나 폭력과 같은 인권침해에 더욱 취약해진다.

특히 한국 사회에서 나이는 개월 수까지 따져 상하 위계를 세우는 기준이 되면서 약자를 차별하는 인식의 도구로도 퍼져 있다. 인종차별, 성차별과 다르지 않으면서 차별적 인식의 범위가 다른 차별보다 넓은 게 연령주의다. 인종차별이나 성차별보다 더 많은 사람이, 세대 전반에 걸쳐 강화하고 있어서다. 살아가며 자연스레 인종이나 성이 바뀌는 일은 일어나지 않는 것과는 달리 우리는 모두 나이를 먹고 노인이 된다는 점에서 아이러니하다.

에드먼 팔모어(Erdman Palmore) 미국 듀크대 명예교수는 "유교 문화권 국가일수록 나이에 따른 위계질서의 특권이 어느 날 배제의 불이익이 되어 부메랑으로 돌아온다"면서, "노년 세대가 '나이와 무관한(age-irrelevant)' 동등성을 느낄 수 있도록 사회 전반적인 인식을 바꾸어야 한다"라고 조언하기도 했다.

'나이와 무관한' 동등성은 노인 세대뿐 아니라 미성년자에게도 적용될 수 있어야 한다. 연령 차별은 아직 성년이 되지 않은 이들을 대상으로도 자주 일어난다.

노후를 준비한다는 건 나이와 노화와 노인이 삶 전체에서 어떤 의미로 자리하는가를 이해하고 객관적 정보와 지식을 받아들이는 일련의 과정일 수 있다. 그동안 고정관념과 부정적 이미지 안에 존재했던 노인을 함께 살아갈 개개인의 존재로 환원하는 것도 노후 준비의 일환이 된다. 잊지 말자. 나이로 받는 대접이 나이 때문에 받는 차별로 변하기 쉽다. 어느 쪽이든 깔려 있는 연령주의를 걷어내야 한다.

## 노인 혐오가 만드는 폭력

2017년 노인 학대 사건은 2016년 4,280건에서 8% 늘어난 4,622건으로 나타났다. 보건복지부가 공개한 「2017 노인 학대 현황보고서」에 따르면 2017년 벌어진 노인 학대 사건 10건 중 9건이 가정 안에서 발생했다. 가정은 각종 사회문제의 집합체다. 연령주의가 가정 내 가부장제 질서를 유지하는 동력이 되기도 하며, 때로 아버지나 어머니처럼 살지 않겠다는 자식들의 미움과 분노가 노인 혐오로 나아가기도 한다.

노인 학대 사건의 피해자는 여성이 74.9%로 가장 높게 나타났다. 학대 행위자(가해자) 유형으로는 노인의 아들이 37.5%로 가장 높고 그다음이 24.8%로 노인의 배우자였다. 최근 배우자가 학대하는 비율이 점점 높아지고 있다. 그에 따라 최근 5년간 40~50대 중년층 학대 행위자는 지속적으로 감소했지만 60대 이상의 학대 행위자가 노인을 학대하는 노(老)-노(老) 학대 유형은 꾸준히 증가 추세다. 고령의 아들과 남편에 의한 여성 노인 학대가 급증하고 있다는 의미다.

과거 학대 피해가 재차 반복되는 재학대 피해도 크게 늘었다. 가정 내에서 일어나는 학대 사건은 그 피해자가 신고를 꺼리고 가능한 가정 내에서 해결하거나 감추려고 한다는 점에서 재발의 위험이 높다. 정서적 학대와 신체적 학대 등 여러 유형이 동시다발적으로 발생하는 게 특징이지만 특히 성적 학대 유형은 전년 대비 64.8%나 증가한 추세를 보였다.

아동 학대, 동물 학대와 마찬가지로 노인 학대는 이 사회의 가장 약자를 향한 손쉬운 폭력이다. 그 바탕에 깔린 노인 혐오와 연령주의는 노인을 그런 일을 당할 만한 존재로 인식하게 만든다. 노인 학대 예방 및 신고 의무 교육을 강화하고 대응 체계를 마련하는 것도 중요하지만 근본적인 인식 변화를 위한 전 세대의 움직임이 필요하다.

# 자녀의 미래와
# 맞바꾼 노후

66 최장순(가명 86세) 씨 부부는 오늘도 종일 모은 폐지를 수레에 한가득 싣고 폐품 공장으로 향한다. 폐지를 팔아 받은 돈은 7,200원. 하루 벌이 7,200원이면 평소보다 많은 편이다. 이렇게 일해서 최장순 씨는 남편과 함께 한 달에 20만 원 정도를 겨우 손에 쥔다. 하루가 다르게 힘에 부치지만 장순 씨의 생각은 변함이 없다.

"남의 돈은 공짜로 10원도 싫어요. 내가 노력해서 받는 건 괜찮은데 그 사람들이 힘들게 번 돈을 공짜로 받는 건 아니죠."

고돼도 스스로 노력해서 돈을 버는 게 마음이 편하다고 했다. 자식들에게 돈 얘기는 아예 꺼내지 않는다. 돈 얘기를 꺼내는 순간 자식들도, 장순 씨 부부도 서로 마음이 안 좋아진다는

80대 노부부는 매일 폐지를 주워 생활비를 마련하면서도 집은 팔지 않고 지키려고 한다. 손주에게 상속해야 하기 때문이다.

걸 잘 알고 있다. 어쩌다 명절에나 보는 자식들과 그나마도 감정이 상해 못 보면 그건 또 무슨 지옥인가 싶어서 장순 씨는 가능한 한 자기 힘으로 살다가 세상을 떠나고자 한다.

마음은 그런데 현실은 녹록치 않다. 매일 아픈 곳이 달라진다. 병원이라도 마음 편히 다닐 수 있으면 좋으련만 병원비로 쓸 돈이 없다. 소유하고 있는 8평 남짓한 작은 빌라 때문에 장순 씨 부부는 기초생활수급자 혜택도 받을 수가 없고, 당장 사용할 현금을 마련하기도 힘들다.

"돈 없이 살고 있죠. 다른 게 아니라 돈이 없으니까요. 다른 사람들은 나이 먹어도 편하게 살더라고요. 반찬도 해놓은 걸 판대요. 그래서 그걸 사서 먹기도 하고, 집에서 안 해먹는다고 하더라고요. 저런 사람들은 뭔 복을 타고나서 저렇게 사나 싶은 생각도 들고, 어떨 때는 혼자서 울어요."

담담하게 말을 잇던 장순 씨의 눈이 붉어진다. 양쪽 다리가 아이 머리만 하게 부어서 무릎 관절 수술도 해야 하지만 병원비를 떠올리고는 오늘도 병원에 가지 못한다. 갖고 있는 작은 빌라를 팔거나 세를 놓아서 현금을 만들 방법이 없을까. 이제는 호강하기 틀렸다면서 장순 씨가 말한다.

"집은 손주를 줘야 해요. 손주가 집이 없잖아요. 손주가 장가도 가고, 직장을 어떻게 해서라도 모색해야 할 텐데……."

손자 걱정에 장순 씨 목소리가 무릎 얘기를 할 때보다 더 어두워진다. 🙄

### 은퇴 자금까지 자녀에게 투자

최근 파산 신고자 4명 중 1명이 65세 이상 노인이라는 법원 통계가 나왔다. 고령자의 높은 파산율은 공적연금제도 미비, 노인 일자리 부족 등 취약한 사회제도가 원인일 수 있다. 여기에 한국의 특수한 사회·문화적인 요인이 깊게 관계한다. 한국인의 노후를 빈곤하게 만드는 가장 큰 요인 중 하나가 바로 자녀에게 집중된 지원 비용이다. 많은 부모가 자녀의 성공과 행복에 자신의 삶을 희생한다. 정순둘 이화여대 사회복지학과 교수는 "우리나라는 특히 자식에 대한 부분이 굉장히 크다. '자식의 성공이 곧 나의 성공'이라고 생각하며, 자식의 성공이

한국인의 가계 지출 비율을 살펴보면 40대엔 월 지출액의 30%를 자녀 교육비로 쓰고, 50대엔 은퇴 자금의 절반 이상을 자녀 결혼 비용으로 사용한다.

곧 자신의 성공적인 노후라고 이야기한다. 자식이 잘되면 본인은 지금 어떤 상황에 있어도 괜찮다고 생각하는 게 외국과는 다른, 한국에서만 나타나는 특징"이라고 설명한다.

결국 이런 자녀 올인 문화는 노후 준비를 가로막는 걸림돌이 되며, 초고령사회 일본에서 이미 심각한 사회문제로 대두된 '노후 파산'의 직접적인 원인이 될 수 있다.

한국의 노인들은 경제적 어려움 속에서도 집을 팔지 않고 지키려 한다. 자녀에게 상속해야 하기 때문이다. 최장순 씨 부부처럼 자녀가 아니면 손자에게라도 상속하려고 한다. 집 상속은 기본이고, 자녀가 집을 사는 데 노후 자금을 쓰는 경우도 많다. 이혼한 자녀의 아이를 노부부가 대신 키우면서 양육비 지출이 다시 시작되는 경우도 있다. 실제로 노후 준비를 충분히 해놓았더라도 자녀의 이혼 등 예상치 못했던 일로 인해 갑자

한국 노후 자산의 85%가 부동산에 편중되어 있다. 한국 사회의 노인들은 노후에 쓸 현금을 확보하지 못한 채 살아가고 있다.

기 어려워지는 노인들을 찾아보기 어렵지 않다.

"아들이 집 살 때마다 돈을 몇천만 원씩 여러 번 가져갔어요. 매일 여기 와서 찔끔, 저기 가서 찔끔. 나중에는 집 한 채 사는 데 계약금부터 다 줘서 2억 3,000만 원 주고 샀어요. 아이고, 아들한테 돈을 어떻게 받아요?"

– 이현숙(가명, 88세)

"자식들과 잘 지내려면 돈이 있어야 한다고, 내 것 먼저 챙기고 나머지를 나눠줘야 한다는 걸 그땐 몰랐어요. 그나마 있던 돈은 다 주고 남은 건 이 집 하나인데 팔려고 해도 팔리지를 않네요."

– 서미홍(가명, 79세)

한국 노후 자산의 절대적인 부분을 차지하는 게 부동산이다. 전문가들은 다른 노후 준비가 부족한 현실에서 부동산에 편중된 자산은 문제라고 말한다.

우재룡 한국은퇴연구소 소장은 "노인들이나 중장년들이 집을 꽉 쥐고 꾸역꾸역 살아간다. 90세나 95세에 사망하면서 아들한테 집을 상속한다고 가정해보자. 아들이 70세에 그 유산 상속을 받는 거다. 이걸 '노노(老老) 상속'이라고 하는데 부모가 아낀 의미가 전혀 없이 형편없는 모습이 되는 거다"라며 부동산 상속을 재고하라고 조언한다. 아직 소득이 안정적인 세대는 집 크기를 줄이고 자녀 사교육비를 줄여 저축을 늘려야 한다. 특히 과도한 자녀 교육비 지출이 노후 파산을 예고한다는 분석은 여러 전문가들에게서 공통적으로 나온다. 사교육비만큼 줄어드는 저축, 자녀가 대학을 다닐 때쯤 퇴직해 줄어드는 소득, 자녀 결혼을 위한 목돈 지출 등 노후 파산의 위험 요소는 점점 늘어난다.

### 자식은 자식, 나는 나

66 70대 중반인 조은화(가명, 76세) 씨 부부는 살던 집에 거주하며 주택을 노후 자금으로 쓰고 있다. 노후를 자녀에게 의

조은화 씨 부부의 주택연금은 그들의 노년에 경제적 버팀목이 되어주고 있다.

존하지 않고 스스로 해결하기 위해 주택연금에 가입했다. 주택을 담보로 현재 살고 있는 집에서 사망 때까지 평생연금 방식으로 일정액을 지급받을 수 있다. 조은화 씨는 '집에서는 돈이 나오지 않는다'는 현실을 직시하고 매달 현금이 나오는 방법을 준비했다. 매달 연금이 나온다는 건 정말 든든한 일이다. 은화 씨는 말한다.

"내 말년에 자녀들에게 짐이 될 수 있다는 게 제일 부담스럽거든요. 애들에게 그 경제적인 부담을 주지 않아도 되잖아요, 이제."

남편 고신용(가명, 77세) 씨도 만족스럽다.

"미리 준비해야죠. 사전에 준비한 결과물이 노후에 오는 거예요."

부부는 작은 텃밭도 구입했다. 소일거리로 블루베리 농사도 짓기 시작했다. 노후를 어떻게 보낼지 부부가 구체적인 계획을 세우지 않았다면 지금의 여유도 없었을 것이다. 노후에 대한 장기적인 계획이 중요한 이유다.

"열심히 고민해서 세운 계획이 현실적으로 실행되는 것 같아서 참 다행이라고 생각해요."

조은화 씨 부부는 주택연금을 충분히 활용하고 필요 없는 소비를 줄이는 것으로 여유를 찾았다. 자식과의 거리도 적절해졌다. 부부가 편하고 여유롭게 잘사는 것이 멀리 생각하면 자식을 위해서도 좋다.

가정마다, 개인마다 노후 준비 여부를 결정하는 상황이 다르지만 그 다른 상황 속에서도 노후를 계획하고 준비하는 데 공통적으로 유의해야 할 부분이 있다. 자식과의 관계에서 경제적·정신적 독립도 그중 하나다. 🟆🟆

## 주택 소유와 상속의 달라진 의미

주택연금은 소득원이 없는 65세 이상 고령자들이 지금 소유하고 살고 있는 집을 담보로 그 집에 주거하면서 평생 혹은 일정 기간 생활비를 연금 형태로 수령하는 방식이다. 집 구매를 위해 대출을 받는 것과는 정반대 방식이라고 '역모기지론'이라고도 한다. 연금 형태의 주택담보대출인데 노후 현금 흐름에

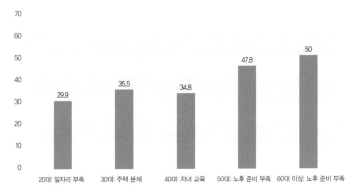

세대별 경제적 행복의 장애물

단위: %

- 20대: 일자리 부족 — 29.9
- 30대: 주택 문제 — 35.5
- 40대: 자녀 교육 — 34.8
- 50대: 노후 준비 부족 — 47.8
- 60대 이상: 노후 준비 부족 — 50

자료 | 현대경제연구원, 「경제행복지수」(2017.1)
출처 | "이해준, 50대, 조기퇴직 속 노후대비는 막막…"더 일해야 산다"", 《헤럴드경제》, 2017년 1월 12일 자.

도움이 된다. 다른 세대와 달리 주택을 소유하고 있는 베이비붐 세대들이 은퇴 자금을 마련할 수 있는 좋은 방법이다. 하지만 여전히 크게 확산되지는 않고 있다. 그들의 자녀인 현 청년 세대가 아직 자립하지 못했기 때문이다.

그래서 베이비붐 세대의 노후 대책은 곧 '자녀 대책'이란 진단이 나온다. 자녀가 자립하지 못하니 실질적으로 은퇴도 불가능한 세대, 아래로는 자녀를 부양하고 위로는 초고령자 부모를 돌봐야 하는 세대. 그들 중 역모기지를 하지 않겠다고 답변한 통계자료를 보면 이유가 자녀를 위해 주택을 물려줘야 하기 때문이라는 답변이 다수다. 이런 생각을 바꿔야 한다는 게 전문가의 간명한 충고다.

언급한 것처럼 100세 시대에는 주택 상속이 이전과 같은 의미를 갖기 어렵다. 게다가 고령자가 이러저러한 이유로 집을 팔아야 할 때는 같은 세대의 고령자들이 비슷한 사정으로 집을 내놓을 확률이 높다. 반대로 구매자는 줄어든 상황에서 말이다.

노후 준비는 더하기 아니면 빼기라고 한다. '더하기'에는 소득을 더하는 것, 일을 더하는 것, 연금을 더 투자하는 것이 포함된다. 만약 그게 어려울 경우 더하기 못지않은 효과가 있는 게 '빼기'다. 우재룡 한국은퇴연구소 소장은 "빼기란 불필요한 소비를 줄이는 일이다. 은퇴 후에 중형차를 팔면 한 달에 60~70만 원의 돈이 절약된다. 유지비 등 각종 비용이 그 정도 나온다"라며 소비를 줄이는 방식의 노후 준비를 제안한다.

그러나 부모 세대에서 자녀 세대로 이어지는 가난의 낙수효과와 반대로 현 20~30대 자녀 세대의 가난이 50~60대 부모 세대에 영향을 미치며 그들의 노후 빈곤으로 연결되는 현실을 고려하면 '빼기'의 시도와 효과에는 분명 한계가 있다.

어떤 세대에게는 '빼기'를 시도해볼 수 있는 상황 자체가 주어지지 않는다. 가난한 청년 세대들은 부모 집에서 독립할 수 없고, 소비지출 액수가 2013년에 2,299만 원으로 정점을 기록한 뒤 2016년엔 1,869만 원으로 점차 줄어들고 있다. 줄일 수 있는 건 다 줄이고 있는 게 청년 세대다. 이들의 빈곤 문제를 해결하지 않으면 부모 세대의 빈곤과 함께 부모와 자녀 세대가 빈곤의 공동체로 묶이는 위기가 나타날 수 있다. 그러지 않아도 가난한 이들이 더 가난해질 수 있다는 말이다. 이러한 구조 속에서 노후 준비는 자식 세대의 빈곤을 해결할 정책 입안까지도 아울러야 할 것이다. 모든 가난은 연결되어 있다.

# 아프면 누가 나를
# 돌봐줄까?

   **❝** 지난해 뇌출혈로 쓰러진 후 혈관성 치매를 앓고 있는 어머니(77세)와 아침부터 실랑이를 벌이고 있는 고은희(가명, 50세) 씨. 오늘따라 어디가 불편한지 어머니의 짜증이 잦다. 물수건으로 얼굴을 닦아주니 손사래를 친다. 정도의 차이는 있지만 거의 매일 있는 일이다.

"야야, 야야, 하지 마!"

"엄마, 나이가 몇 살일까요?"

"나이 알아. 77."

"엄마, 나는? 내가 몇 살일까요?"

"47."

어머니의 기억은 은희 씨가 47세일 때에 멈춰져 있다. 불과

1년 전만 해도 건강했던 어머니에게 갑작스레 잔인한 병이 찾아왔다. 어머니 본인은 물론이고 가족에게도 대비할 시간이 없었다. 간병은 큰딸인 은희 씨 몫이 되었다. 은희 씨는 어머니의 손발이 되어 간병하느라 다른 가족은 돌볼 새가 없다. 주변 대부분이 요양병원을 권유했지만 혹시라도 어머니에게 안 좋은 일이 생길까봐 마음을 먹지 못했다.

"엄마, 기저귀 바꿔야죠. 바꾸지 마요?"

"바꾸지 마."

은희 씨의 얼굴을 계속 때리는 어머니를 들어 올려 눕히면서, 은희 씨가 어머니와 눈을 맞춘다.

"엄마, 사랑해요."

어머니는 대답이 없지만 편안해 보인다. 그러면 되었다고 은희 씨는 생각한다. 처음엔 받아들이기 힘들었다. 치매는 간병에 최선을 다해도 더 나아지는 병이 아니었다. 차라리 암이라면 어떤 과정과 결론을 예상할 수 있겠다 싶을 때도 있었다. 어머니 상태가 점점 안 좋아지면서 끝이 안 보였다. 여전히 언제 끝날지 알 수 없지만 은희 씨는 어머니를 사랑하는 마음으로 버티고 있다.

"자식은 많지만 엄마는 하나야. 내가 사랑하는, 이 세상에 하나밖에 없는 우리 엄마. 내가 끝까지 같이 있어줄게."

어머니가 알아듣지 못해도 은희 씨는 계속 마음을 표현한다.

그러고 나면 신기하게도 어머니 표정이 온화해진다. 노인 요양시설이 많아지고 좋아지고 있다고는 해도 집만큼은 아니고, 간병도 가족이 아니면 맡기기 불안하다. 은희 씨의 그런 마음을 누가 뭐라고 할 수 있을까.

"엄마, 엄마가 제일 행복할 때가 언제였어요?"

"지금이 제일 행복해."

"지금이? 아이고 우리 엄마 지금이 행복해요?"

은희 씨가 어머니의 손을 잡고 웃자, 어머니가 따라 웃는다. **99**

## 돌봄노동의 가치

살아 있는 한 우리는 예외 없이 타인의 돌봄에 기대어 살아갈 수밖에 없는 시기를 지난다. 그 돌봄의 가치가 사회에서 저평가되고 여성에게 치우쳐 기대되는 현상은 다시금 돌봄의 가치가 제대로 인정받지 못하는 악순환을 만들고 있다. 일반적으로 돌봄노동은 자원봉사나 어머니의 마음이나, 사랑과 헌신으로 이루어지며 무보수이거나 저임금이다. 이는 한국 사회의 돌봄노동이 '여성화'된 이유이기도 하다. 각종 돌봄 서비스 직종에는 50~60대 중장년 여성들이 진입해 활약 중인데 적절한

처우나 임금을 받지 못하고 있다.

2006년 노무현 정부 시절 '1차 건강가정기본계획'을 통해 처음으로 가족 정책에 '돌봄의 사회학' 개념을 포함시켰지만 이후 복지 비용을 최소화하고 전통적인 가족의 가치를 옹호하면서 가정 내 돌봄은 물론 사회적 돌봄노동을 여성에게 부담시켜왔다. 국가는 가족에게, 남자는 여자에게, 기혼자는 비혼자에게 돌봄노동을 전가하고 돌봄의 공공성을 삭제해온 그동안의 정책에 대한 비판도 나온다.

이런 문제를 해결하기 위해 1인 가구 증가, 혼인율 감소, 저출산, 고령화를 반영한 가족 정책 및 복지 정책을 재정립해야 한다. 가족 내 누군가 한 사람이 도맡는 방식은 가능한 피해야겠지만 1인 자녀가 대부분인 시대에서는 불가피할 수 있다. 그럴 경우 돌봄자를 사회적으로 인정하고 이들을 위한 교육과 상담, 가족 휴가제 등을 지원할 수 있다. 고령화사회에서는 돌봄을 제공하고 제공받는 데에 누구도 예외일 수 없다. 가족에게만 의존하지 않도록 노인요양에 사회적 재원 투자가 요구된다.

또한 돌봄노동 종사자들이 안정된 생계를 꾸릴 수 있을 수준의 임금체계를 갖추고 돌봄노동 일자리의 질을 높여야 한다. 주로 여성 일자리로 고착된 돌봄노동의 가치를 새롭게 인지하고 수년째 제자리걸음인 돌봄노동자의 처우를 개선해야만 노동의 질도 높일 수 있다.

## 부양 책임 나누기

보건복지부에서 발표한 「지역별 장기요양기관 이용률 현황」에 따르면 2017년 말 기준 노인요양시설 이용률은 84.1%로 나타났다. 전년과 비교할 때 요양시설 이용률은 1.6% 증가한 수치다. 이용률이 높은 건 노인 부양 문화에 대한 인식 변화에 따른 것이라기보다는 장기요양시설 부족 때문이다. 게다가 현재 65세 이상 노인 인구 중 장기요양보험서비스 인정자 수는 7%에 불과하다. 현재 돌봄이 필요한 인구가 전체 노인 인구의 15%라는 연구 결과와 비교하면 절반에도 못 미치는 수다.

또, 보건복지부의 「2018년 노인복지시설 현황」에서는 2008년 7월 노인장기요양보험 제도 시행에 따라 일시적으로 확충된 요양시설의 증가세가 점차 둔화되는 추세다. 따라서 노인 인구의 증가에 따른 이용자 수 증가를 고려해 인프라 확충이 요구되며, 시설 규모나 양보다 서비스 같은 시설 운영의 질적인 요소도 보완되어야 한다.

평균수명이 늘어난다는 건 개인이 질병을 겪는 시간이 길어진다는 의미이기도 하다. 노년의 질병과 관련해 의료와 간병을 대비하는 건 무척 중요한 일이다. 그러나 한국 사회는 여전히 효 사상을 바탕으로 한 부양 문화에 기대고 있다. 특히 요양시설에 대한 인식은 매우 부정적이다. 요양시설로 들어가는

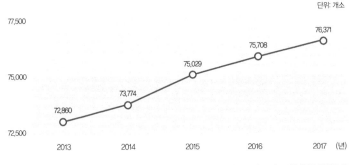

**노인복지시설 현황**

단위: 개소

77,500

75,000

72,500

72,860 (2013)
73,774 (2014)
75,029 (2015)
75,708 (2016)
76,371 (2017) (년)

출처 | 보건복지부, 「2018년 노인복지시설 현황」(2018).

건 자식에게 버림받고, 죽기 직전 당하는 현대판 고려장이라고 인식하는 노인들이 여전히 많으며 자식들은 요양원 이용에 죄책감을 느낀다. 100세 시대에는 이 같은 돌봄노동에 대한 인식에 변화가 필요하다.

## 스스로 결정하는 요양시설

66 "처음에는 울고불고 했어요. 근데 와보니까 생각처럼 안 그래요. 자손들한테 하나도 폐를 안 끼치고요. 음식 잘해주죠, 복지시설도 잘되어 있죠, 대소변도 받아줘요. 다 해줘요. 그래서 너무 좋아요."

장수 시대에는 요양시설에 대한 선입견을 없애는 것이 중요하다.

이연자(가명, 96세) 씨는 매일 곱게 화장을 한다. 젊은 시절부터 꾸미기를 좋아했다. 최근까지 혼자 살았는데 갑자기 치매가 찾아왔다. 가족들이 24시간 연자 씨를 돌볼 수 없어서 요양원에 들어왔다. 지금은 여러 사람들과 어울리며 얼굴에 웃음이 떠나지 않지만 처음에 왔을 때는 그러지 않았다. 연자 씨와 같은 요양원에 있는 이영범(가명, 93세) 씨도 그랬다고 했다.

"인생 끝 무렵에 요양원에 와 있는 게 참 한심하다 생각했어요. 그런데 지내고 보니까 그게 아니더라고요. 괜찮아요. 감사해요. 아들들도 감사하고 이제는 아주 좋아요."

오늘은 연자 씨의 막내딸 고혜영(가명, 60세) 씨가 요양원에 오는 날이다. 매주 한 번씩 들러 어머니 연자 씨의 생활을 살피는 혜영 씨. 지금은 마음이 편안해졌지만 처음 어머니를 요양원에 모시기까지 심적 고민이 많았고, 불효라는 생각에 가족들의 반대가 컸다고 했다.

"내가 요양원으로 모시고 가겠다고 했어요. 만약에 어머니가 불편하다고 하시면 다시 모시고 오자고 하고요. 한 달만 시도해보자고 했어요. 그렇게 약속을 하고 왔는데 모시고 온 날 시설 앞에서 가족들끼리 다퉜어요. 마음이 서로 안 좋았으니까요."

2주, 3주가 지나자 어머니 연자 씨가 편안해 한다는 걸 다른 가족들도 느낄 수 있었다. 여기 있겠다고, 연자 씨 자신이 결정해 자식들에게 알렸다. 혜영 씨는 어머니를 요양원에 모시고 나서 모든 가족들이 다 편안해지고 이전보다 더 사이가 좋아졌다고 했다. 어머니에게 뭐가 필요한지 매주 와서 세심하게 챙기면서 어머니와 자식들의 관계도 좋아졌다. 부모도, 자식도 죄스럽지 않은 현명한 선택을 한 셈이다. 🙶

만약 가족이 나를 돌볼 수 없다면 노년을 어디에서 누구와 어떻게 보낼 것인지 구체적인 계획이 필요하다. 송인주 서울시 복지재단 연구위원은 "젊었을 때 요양시설에 대한 선입견을 없애는 게 중요한 것 같다. 직접 가보라고 많이 권해드리고, 자신이 가고 싶은 요양원을 찾아놓는 것이 좋겠다는 조언도 한다"라고 설명했다. 아프고 나서 누군가에 의해 결정된 곳으로 가게 되는 것과 미리 가본 곳에서 돌봄을 받는 건 다르다. 더 안심할 수 있고, 무엇보다 자기 노후를 스스로 결정하는, 능동적 선택이 될 수 있다.

1    전체 인구를 소득 순으로 나열했을 때 제일 가운데 위치한 사람의 소득(통계청에 따르면 2016년 한국의 중위소득은 196만 원이다).

2    이희길, 「노인자살의 현황과 원인 분석」(통계개발원 사회통계실, 2007).

3    빈곤의 절대 다수가 여성이 되어가는 것을 의미한다. 1960년대부터 미국의 빈곤 퇴치 정책이었던 '빈곤과의 전쟁(War on Poverty)'에서 1980년대부터는 이 개념이 도입되어 젠더를 고려하는 정책 방식이 적극적으로 활용되기도 했다.

## 일본 사례 : 빈집이 공동 아파트가 되다

저출산과 고령화가 급속도로 진행된 일본, 도심 한가운데 아무도 살지 않는 빈집들이 늘어나고 있다. 도쿄에만 빈집이 82만 채가 넘는데 그중 노인을 위한 공동체 아파트로 거듭난 곳이 있다. 가미야 마사야스(86세) 씨도 그렇게 개조된 공동체 아파트에 들어와 살고 있다. 만화광인 그는 그곳에 입주한 후 취미생활을 마음껏 누리고 있다. 소유했던 아파트를 처분하고 훨씬 더 저렴한 빈집으로 오면서 생활비가 늘었기 때문이다.

"공동체 아파트지만 자유롭게 있을 수 있고 간섭받지 않아요. 소위 혼자 살기 좋은 조건이죠. 자유롭게 생활할 수 있으니 운이 좋은 거죠. 내가 나이를 먹고 몸이 안 좋아지는 것 이외에는 나쁜 게 없어요."

가미야 씨는 86세의 나이에도 아마추어 수영 선수로 활동하고 있다. 거실 한쪽에 수를 헤아리기 힘든 메달과 상패가 가득하다. 그는 수많은 대회에서 우승을 차지했다.

"이건 '호놀룰루 마스터즈'라는 하와이 대회에서 받은 메달이에요. 여기 있는 건 일본 기록증이고요. 나이마다 있어요. 80세 이상 일본 신기록, 55세 이상 일본 신기록……."

빈집을 개조한 공동체 아파트 유이마루 타카시마다이라에 살고 있는 가미야 씨의 집. 만화광인 그의 집에는 만화책이 한가득이다.

이곳에선 거주자가 매일 정해진 시간에 벨을 누르면 아파트 내 중앙센터에서 안전을 확인한다. 그 시간에 벨이 울리지 않으면 인터폰으로 확인 후 바로 관리자가 달려온다. 또 일상생활 중 생길 수 있는 소소한 불편함도 관리팀에서 해결해준다.

마치 어제 일을 얘기하듯이 상패 하나하나를 구체적으로 설명하며 웃는 그는 무척 건강해 보인다. 하지만 매일 인슐린 주사를 맞아야 하는 심각한 당뇨병을 앓고 있다. 공동체 아파트에 들어오지 않았다면 고독사 가능성이 한층 더 높아졌을 것이다. 그는 공동체 아파트로 들어온 후 보호시스템의 24시간 보호를 받는다.

"혼자 살다가 넘어지면 아무도 몰라요. 이곳에선 매일 10시에 제가 버튼을 누르지 않으면 프런트에서 달려옵니다."

유이마루 타카시마다이라의 관리 담당자는 "스태프들이 거주자는 물론 그 가족들도 안심하게 해줍니다. 안심과 안전을 제공하면서 자유롭고 독자적인 생활을 유지하도록 하는 게 이곳의 큰 특징이라고 할 수 있습니다"라고 설명했다.

거주하는 고령자들이 혼자 독립적으로 생활할 수 있도록 공간을 개조했는데 보수 비용은 모두 국가가 지원했다. 화장실 안까지 휠체어가 들어갈 수 있도록 개조한다거나 혼자 목욕을 할 수 있도록 욕조를 개조하는 식이다. 요양시설을 늘리기보다 노인 스스로 자립해서 공동체 생활을 하

**왼쪽 위** 1인용으로 개조된 욕조.　　　**오른쪽 위** 화장실에는 손잡이가 설치되어 있다.
**아래** 고령자들이 혼자 생활할 수 있도록 개조된 내부 모습. 방 사이에 문턱이 없다.


도록 돕는다.

이 공동체 아파트에는 노인뿐 아니라 젊은 커플, 유치원에 다니는 아이들이 같이 살고 있다. 빈집을 개조한 이후 젊은 세대 유입이 늘었다. 노인들은 그들과 같은 곳에서 어울려 살면서 활기를 얻는다.

일본은 인구가 점차 줄면서 빈 병원, 빈 노인 집이 늘어나게 되자 여러 세대가 함께하는 새로운 공동체가 중요한 해법으로 떠올랐다. 공동체 활성화가 주요 노인 정책의 방향이 된 것이다.

# 100년의 시간을 보내는 법

# 노년의 시간

**❝** 노인들이 삼삼오오 걸음을 재촉하며 어디론가 향하고 있다. 지팡이를 짚고 걷는 이들은 걸음보다 마음이 바빠 보인다. 느리고 빠르게 그들이 향하는 곳은 강남의 한 교회 앞. 이른 시간부터 족히 수백 명은 돼 보이는 노인들이 모여 있다. 외대역 부근에 사는 김갑순(가명) 씨는 새벽부터 나와야 겨우 자리를 잡을 수 있다면서, 새벽 6시에 나온 길이라고 말했다.

"보통 더 일찍 나오는데 오늘은 늦었어요."

"나도 다리가 아파서 늦었어요. 7시 반에 나왔나?"

옆에 있던 강희자(가명) 씨도 연신 "늦었네, 늦었어!" 한다. 순번 안에 들기 위한 노인들의 자리싸움이 얼마나 치열한지 모른다고, 두 사람은 연신 목을 빼서 앞쪽을 살핀다.

많은 노인들이 무료한 시간을 달래기 위해 '500원 순례길'에 오른다.

정각 9시가 되자 교회 앞에서 번호표를 나눠주기 시작한다. 앞에서 서성거리던 노인들이 일사분란하게 움직이고, 번호표를 손에 쥔 노인들은 혹시나 표를 잃어버릴까 양말 속에 고이 간직하기도 한다. 잠시 후 번호표대로 줄을 서서 나눠주는 동전을 받는다.

노인들이 마침내 손에 쥔 건 500원짜리 동전 하나. 20년 전 IMF 위기 때 실직자들에게 커피값 명목으로 몇백 원씩 나눠주던 것이 시작이었는데 지금은 노인들이 그 자리를 차지하고 있다. 500원 동전 배급이 끝나자 노인들은 삽시간에 썰물처럼 빠져나간다. 서둘러 또 어디론가 이동하는 모양새다. 동전을 나눠주는 다른 곳으로 재빨리 움직이는 것이다.

"6시에 자리를 잡아놓고 교대에 가서 1,000원을 받고, 이촌에 가서 500원 받고, 여기 강남에 오면 1,500원 받아요. 그럼 총 3,000원을 벌잖아요. 다시 잠원에 가서 500원을 받은 뒤에 마지막으로 라면 받고 내 볼일 보러 가요."

노인들이 동전이나 음식을 나눠주는 교회, 성당 등 종교단체를 하루에 몇 군데 도는 걸 일명 '짤짤이 코스', 또는 '500원 순례길'이라 부른다. 아침부터 저녁까지 시간이 정해져 있고, 보통 3~6군데를 돈다. 짤짤이 코스를 돌아 벌 수 있는 금액은 하루에 1,500~3,000원이고, 한 달이면 4만 5,000~9만 원이 된다. 노인기초연금이 평균 20만 원이니 누군가에게 짤짤이 코스는 절박한 생존의 길일 수도 있다. 노인의 최소 생계를 보장할 수 있는 현실적인 정책이 필요하다는 데는 누구나 동의할 것이다. 다만, 이 순례길이 단지 돈을 벌기 위한 것만은 아니라는 노인들의 말도 의미심장하게 들린다.

"경제적으로 어려워서 나오는 사람은 3분의 1 정도밖에 안될 거예요. 다들 돈을 목적으로 다니는 게 아니고, 다니다 보니까 운동도 되고 좋거든요."

경제문제 해결을 위해서라기보다 무료한 시간을 달래기 위해 매일 순례길에 오른다는 노인들. 그들에게 하루하루는 어떤 의미일까? 99

### 노년의 시간은 다르게 흐른다

노인 빈곤만큼이나 허망함과 지루함으로 채워지는 노년의

시간도 가난하긴 마찬가지다. 삶은 길어졌고 이 시간의 가난도 길어질 것이다. 뇌과학자의 연구에 따르면 나이 든 사람은 같은 시간을 젊은 사람보다 훨씬 짧게 느낀다. 3분의 시간을 감각만으로 알아맞히는 실험에서도 60대 참가자들은 40초가 더 지나서야 신호를 보냈다. 가난해지는 노년의 시간과 노년이 갖고 있는 시간 개념의 관계를 알아보기 위해 우리도 특별한 실험을 해보기로 했다. 일명 '노인 시간 점화 실험'. 65세 이상 고령자들을 대상으로 먼저 이들이 느끼고 있는 시간의 특징을 알아보았다.

## 노인 시간 점화 실험

**1.** 두 개의 비커와 구슬을 준비하고, 피실험자인 65세 이상 고령자들에게 한쪽 비커에는 살아온 시간만큼, 또 다른 한쪽에는 살아갈 시간만큼 구슬을 담아 표시하라고 지시했다. 본인이 느끼는 인생의 남은 시간을 가시적인 이미지로 표현해보기 위해서다. 당연하게도 고령자들은 살아온 시간을 나타내는 비커에 더 많은 구슬을 담았다. 그렇긴 해도 살아온 시간과 남은 시간을 나타내는 구슬의 차이는 고령자들마다 달랐다.

"76년 살았으면 많이 살았지."

"다 살았는데 앞으로 얼마나 더 살려고⋯⋯."

"내 인생이 얼마나 남았겠어요?"

"조금은 더 살래요. 자꾸 욕심이 나네요."

살아온 날 〉 살아갈 날

이렇듯 조금씩 다르게 인식하고 있는 시간 개념이 노년의 삶을 좌우할 수 있다. 김경일 아주대학교 심리학과 교수는 "같은 시간을 두고 '짧은 시간밖에 안 남았다'고 인식하는 경우와 '그 시간이나 남았다'라고 인식하는 경우에 따라 삶의 태도와 사고방식이 완전히 달라진다"라고 설명했다. 같은 연령대라도 전자의 경우 훨씬 더 나이 든 사람처럼 사고하면서 말과 행동에도 영향을 받고, 후자는 한결 나이 어린 사람처럼 사고하고 행동한다.

2. 이번에는 고령자들을 두 그룹으로 나누어 1분을 세도록 했다. 본인이 1분이 되었다고 느끼는 순간 반응을 하도록 했는데, 한 그룹은 피실험자가 1분을 정확히 세도 실험자는 무조건 43초라고 응답했다. 즉, 시간이 더 남은 것처럼 해서 피실험자가 시간을 길게 느끼도록 했다. 자기가 느

긴 것보다 시간의 속도가 느리다는 걸 느낀 피실험자들은 "1분이 엄청 기네요"라고 반응했다.

반대로 다른 그룹 피실험자에게는 무조건 17초가 지났다고 대답했다. 시간이 빠르게 흘러 자기가 느낀 것보다 시간이 짧다고 인식하도록 한 것이다. "생각보다 1분이 짧네요"라고 피실험자들은 반응했다. 시간 조작이 끝나고 두 그룹은 다시 한 번 비커에 살아온 시간과 살아갈 시간만큼의 구슬을 담았다.

실험 결과, 자기가 생각한 것보다 1분이 길다고 인식한 그룹의 고령자들은 앞으로 자신이 살아갈 시간을 나타내는 비커에

> When time horizons are perceived as long and open-ended, people prioritize accumulating new knowledge, new experiences, and new relationships as a way of acquiring information.

**미래 시간 전망(Future Time Perspective)**
미래의 시간이 많이 남았다고 생각하는 사람들은
새로운 지식과 경험 그리고 새로운 관계를 형성하는 데 우선순위를 둔다

넣은 구슬의 양이 달라졌다. 처음보다 살아갈 시간 쪽 비커의 구슬이 증가한 것이다. 그들은 앞으로 살아갈 날이 생각보다 길 수 있다고 느꼈다. 이런 변화를 '미래 시간 전망 효과'라고 한다. 미래의 시간이 길게 남았다고 여기는 경우, 새로운 경험과 지식에 도전할 확률이 높아진다. 실험 후 두 그룹을 대상으로 도전해보고 싶은 여가 활동과 그 활동에 참여하고 싶은 의지를 조사한 결과도 마찬가지였다. 시간이 생각보다 많이 남았다고 느끼게 된 그룹의 활동 참여 욕구가 훨씬 높았다.

시간이 빨리 흐르고, 주어진 삶이 얼마 남지 않았다고 생각하는 사람이 하는 고민은 주로 어떤 것일까? 얼마 안 남은 삶에서 일어나면 안 되는 일, 막아야 되는 일, 이것만큼은 피해야 하는 일 등에 더 많은 관심을 갖게 된다고 김경일 교수는 설명한다.

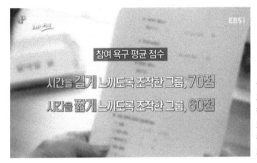

참여 욕구 평균 점수

시간을 길게 느끼도록 조작한 그룹, 70점
시간을 짧게 느끼도록 조작한 그룹, 60점

실험 후 도전하고 싶은 여가 활동과 그 의지를 조사한 결과 시간을 길게 느끼도록 조작한 그룹에서 활동 참여 욕구가 10점이나 더 높게 나타났다.

"시간이 얼마 남지 않았다고 생각하는 사람은 자신이 원하고 좋아하는 것에 대해 생각할 여유가 없습니다. 반면 시간은 천천히 흐르고, 생각보다 아직 많은 시간이 자신에게 남았다고 생각하는 사람은 우선 자기가 뭘 좋아하는지, 어떤 것을 해야 의미가 있을지 생각하죠. 그리고 좋아하는 것부터 하기 마련입니다."

## 시간 감각을 완전히 바꾸는 경험들

66 한정숙(88세) 씨가 바로 그런 사람이다. 앞선 노인 편견 실험 참가자 중에서 긍정 반응속도가 유난히 빠른 고령자였다. 실험 중에 정숙 씨는 화면에 뜨는 단어를 보면서 주문 같은 혼잣말을 계속 이어갔다.

정숙 씨는 지하철에서도 틈
틈이 추리소설을 읽는다.

"실망하면 안 되지. 그렇지. 그럼. 열정적인, 승리하는…….
승리 좋다."

아침 일찍 노인대학에 등교하는 정숙 씨의 하루 일과는 여느
젊은 세대와 비교해도 뒤지지 않을 정도로 활기에 차 있다. 걸
음걸이부터 남다른 정숙 씨는 매일 새로운 것을 마음 열어 받
아들인다. '나이는 숫자에 불과하다'는 말은 누가 어떤 맥락에
서 하느냐에 따라 다른 의미일 수 있는데, 정숙 씨 입에서 진지
하게 나오니 선선히 동의를 하게 될 정도다.

"내가 하기 나름이고, 내가 그 나이를 나름대로 사는 거예요.
늙었다고 하지 말고. 나이 먹었다고 죽치고 앉아 있으면 뭐해
요? 누가 알아줘요?"

정숙 씨의 일상에는 무료한 순간도, 지겨운 시간도 없다. 매
순간 무언가를 하기 때문에 시간은 천천히 제 몫을 하며 흐른
다. 매일 책 읽는 습관이 있는 정숙 씨는 추리소설 마니아기도

하다. 1년 동안 300권 이상 읽었고, 다 읽은 후엔 책들을 가나 다순으로 정리해놓았다. 정숙 씨의 현재 시간은 인생을 마무리하는 데 쓰이지 않는다. 매일 새로운 경험들을 기다리고 만끽하고 도전하는 시간이다. **,,**

현재까지 알려진 바로는 우리 뇌에서 시간 감각에 관여하는 대표적인 두 가지는 '도파민'과 '인상적인 기억'이다. 나이가 들면 뇌 안의 도파민 활성이 낮아져서 생체 시계가 느려지고 상대적으로 바깥 세계의 시계는 빠르게 흐르는 것처럼 느낀다. 그렇다면 도파민 활성을 유도하면 어떨까. 도파민은 새로운 것을 학습할 때, 기분 좋은 보상이 주어질 때 분비되므로 그런 경험을 만들면 생체 시계가 빨라지고 반대로 외부의 시간은 천천히 흐르는 것처럼 느낄 것이다.

인상적이고 강렬한 기억도 시간 감각을 바꾼다. 매일 익숙한 일상만 살다 보면 특별히 기억에 남는 일이 없게 되고, 외부의 시간 감각도 의미 없이 빠르기만 하다. 강렬한 자극이 생기면 그 기억의 부분 부분을 우리 뇌에서 촘촘하게 기억하기 때문에 외부 시간도 달리 감각하게 된다.

그래서 은퇴 후 100세까지 주어진 긴 시간 동안 노인 자신이 좋아하는 걸 찾아 집중하는 일이 무엇보다 중요하다. 열심히 살아와 노인이 되었는데, 이 사회에 생산성, 경제적 이익을 담당하지 못하게 되자 멸시하는 듯한 사회 분위기 속에서 잔뜩 위축된 상태로 남은 시간을 보낼 순 없다. 10대의 하루나 80세의 하루나 똑같이 다시 오지 않을, 인생의 유일한 시간이라는 걸 노인들조차 자주 잊는다. 시간 개념을 바로 잡고 노년의 시간에 새로운 경험을 채워보자.

# 변화와 성장은
# 계속된다

    ❝ 기초생활수급자인 조경숙(80세) 씨는 매끼 식사를 챙기는 데에도 어려움을 느낀다. 오늘도 우유에 밥을 말아 반찬도 없이 겨우 한 끼를 해결하는 조경숙 씨의 과거는 지금과 사뭇 달랐다. 젊은 시절에는 아쉬울 게 없었고, 화려하다면 화려했다. 한국 최초의 사립유치원 교사였던 그는 명예와 부는 물론 높은 자부심을 안고 살았다.

"부러울 게 하나도 없었어요. 남산 꼭대기에 올라가면 서울 시내가 작은 돌멩이처럼 보인 시절이었죠. 아주 교만했고, 언제까지고 화려하게 살 줄 알았죠."

그러나 노년이 된 지금, 그에게 남은 건 허망함이 전부다. 다만 몇 살이라도 젊다면 일용직이라도 하면서 시간을 보낼 수 있을 텐데 이젠 할 수 있는 게 전혀 없다. 마음대로 되는 게 없다고, 지금 내가 뭘 할 수 있겠냐고 묻는 조경숙 씨의 눈빛에 허망함이 가득하다. 그런 그에게 유치원 봉사활동을 제안한 제작팀. 조경숙 씨는 제작팀과 함께 한 유치원을 찾았다.

"일주일에 한 번씩 나오셔서 아이들에게 동화책을 읽어주는 건 어떨까요? 동화책 읽기 봉사를 하시면 좋을 것 같아요."

원장의 말에 조경숙 씨는 선뜻 대답하지 못하고 복잡한 표정이 된다. 이런 기회를 갖게 된 건 큰 행운이란 생각이 들었지만 마음은 복잡해지고 두려움이 커졌다. 내가 할 수 있을까. 실수는 안 할까. 그러다가 다시 마음을 가다듬는 경숙 씨.

'난 할 수 있어. 괜찮아. 나는 아이들을 사랑하니까.'

며칠 경숙 씨 마음이 이쪽으로 기울었다가 저쪽으로 기울었다가 했다. 그리고 마침내 결심이 섰을 때 경숙 씨는 도서관을 찾아 동화책을 빌렸다. 50~60년 만에 펼쳐보는 동화책이었다. 경숙 씨는 읽기 연습을 시작했다. "번쩍번쩍 금도끼를 가지고 나왔어요." 금도끼를 강조해서 다시 읽어본다. 낭독에 리듬을 넣고 감정도 섞는다. 산신령 목소리는 더 굵게 바꾸고, 동물 울음소리도 연습한다. 그렇게 온종일 책과 씨름하며 경숙 씨는 모처럼 즐겁다.

"뒷방 늙은이 취급만 받다가 불러주는 곳이 있고 할 일이 있다는 게 얼마나 감사한지 몰라요."

안녕하세요.
반갑습니다

아이들에게 동화를 읽어주는 경험은 조경숙 씨를 변화시켰다.

50년 만에 아이들 앞에서 책을 읽기로 한 날 아침, 경숙 씨는 긴장 반 설렘 반이 섞인 마음을 안고 유치원으로 향했다. 관심을 보이며 눈을 반짝이는 아이들 앞에서 경숙 씨가 먼저 인사를 한다. "안녕하세요. 반갑습니다." 아이들도 인사를 한다. "안녕하세요." 경숙 씨가 낭독을 시작하자 아이들이 토끼처럼 두 귀를 쫑긋하고 두 눈을 동그랗게 뜬다. 까르르르, 중간중간 아이들의 웃음소리도 끼어든다. 50년 전 경험을 마음껏 발휘하는 경숙 씨. 한눈파는 사람 하나 없이 잔뜩 집중해서 경숙 씨 이야기를 듣고 있는 아이들을 둘러보다 경숙 씨는 그동안 그리웠던 게 뭔지 새삼 깨닫는다. 입을 헤벌리고 집중하고 있는 아이들 표정 때문에 경숙 씨 얼굴에도 웃음이 번진다. 30여 분의 시간은 금세 지나갔다. 한 아이가 경숙 씨에게 다가와 묻는다.

"다음부터 매일매일 볼 거예요?"

"매일매일 왔으면 좋겠어? 오늘만 하고 안 왔으면 좋겠어?"

"매일매일!"

아이들이 이구동성으로 '매일매일'을 외치고 경숙 씨는 아이들을 향해 사랑한다고 말한다. 스스럼없이 안기는 아이들의 눈빛과 체온을 느끼면서 모처럼 진한 행복감을 만끽한 경숙 씨의 표정이 활짝 폈다.

"시도하지 않았다면 영영 느끼지 못할 행복감이에요. 용기 내길 잘했어요. 나는 뭐든 할 수 있어요. 나는 지금 아주 자신 있어요." **"**

## 새로운 관계 맺기

행복학의 대가 에드 디너(Ed Diene) 교수는 대표 논문에서 상위 10%의 행복한 사람들이 나머지 사람들과 보인 가장 큰 차이가 '관계'에 있음을 밝혔다. 돈이나 학력, 지능, 성별, 나이 등 행복을 좌우하는 여러 조건들이 있지만 이 모든 것을 고려해도 행복을 느끼는 개인차는 약 10~15% 정도밖에 예측하지 못한다. 이러한 외적 조건과 행복의 상관관계가 생각보다 긴

밀하지 않다는 의미다. 몇 해 전 한국심리학회에서 한국인을 대상으로 조사한 결과도 크게 다르지 않았다. 직업과 연봉, 재산, 사회적 지위 같은 외부 물질적 조건은 생존과 결부된 수준에서 행복과 정비례하는 결과를 보였다. 먹고살 수 있는 수준까지 그 조건들은 행복에 크게 영향을 미쳤지만 기본 생존 조건이 충족된 이후에는 그 영향력이 현저히 떨어졌다. 이후에는 압도적으로 '관계'의 영향이 커졌다. 많은 연구에서 상호 신뢰와 사랑을 주는 관계의 유무가 사람들의 삶을 전혀 다른 풍경으로 이끌었다.

노년의 시간도 마찬가지다. 나이가 든다고 해서 사회적 동물로서 인간이 갖는 욕구가 달라질 리 없다. 인간이 태어나자마자 갖게 되거나 이후 사회적으로 맺게 되는 부모, 자녀, 배우자, 동료, 친구, 연인과의 관계 등은 행복은 물론 생존과 결부된다. 그런 관계 없이 이 위험하고 거대한 세상에서 인간은 생존과 번영을 이룰 수 없었을 것이다. 특히 노년의 관계는 생존과 긴밀히 연결되며, 끝까지 사회적 존재로서 자존감을 유지할 수 있는 중요한 요인이다. 빠르고 느린 죽음으로 중요한 관계를 주로 상실해가는 시간이기도 한 노년은 오히려 새로운 관계 맺기가 가장 필요한 시점일지도 모른다. 조경숙 씨와 아이들이 서로 눈을 맞추고 끌어안은 것처럼 말이다.

무엇보다 다른 세대와의 만남과 관계 맺기는 사회적으로도 중요한 의미가 있다. 세대 교감의 중요성에 집중하고 전문적으로 추진하는 단체나 사회적 기업이 많은 영국의 연구 자료에 따르면 세대 교감에 접근하는 가장 좋은 방법은 다른 세대가 서로 만나는 것이다. 일단 직접 만나야 관계가 시작되는데, 특히 문화를 매개로 만나면 관계 맺기가 가장 효과적이라고 한다.

아이들에게 동화책을 읽어주는 일은 조경숙 씨가 예전에 했던 일이자 좋아하는 일이고 잘할 수 있는 일이었다. 동시에 문학을 매개로 다른 세대인 아이들과 만나는 계기가 되었다. 사회적 활동과 관계 맺기에 적극적일수록 건강한 노년을 보낼 확률이 높아진다. 자신이 좋아하는 것을 우선 찾고 그 일이 다른 세대나 새로운 사람들과의 관계 맺기로 확장하는 노년이라면 퍽 이상적이다.

"열심히 살아왔는데 어느 순간 보니 '노인'이 되어 있는 거예요. 그리고 노인이 된 지금, 무엇을 해야 될지 모르는 거죠. 모두 나를 멸시하거나 무시하는 것 같고, 차별하는 것 같고, 들리는 건 온통 서러운 말뿐이죠. 그럴 때일수록 본인이 좋아하고 재미있어하는 일을 찾아야 해요. 좋아하고 재밌는 일을 하면 마음이 안 늙어요. 마음 따라 몸도 잘 안 아파요. 중요한 건 본인이 무엇을 원하는지 알아야 합니다. 그리고 노인이 원하는 것이 있을 때 주변에서 흔쾌히 격려하고 '된다! 할 수 있다!' 하고 응원해야 합니다.”

## 다른 자리를 모색할 기회

66 해가 지고 여인숙 간판에 불이 들어온다. 박장이 씨가 여인숙으로 걸어 들어간다. 쪽방촌에서 여인숙을 운영하고 있는 그는 방문을 하나하나 두드려 여인숙에 묵고 있는 가난한 독거노인들의 저녁 안부를 챙긴다. “밥은 먹었어요?” 방문 밖으로 얼굴을 내밀어 대답하는 노인, 문도 열지 않고 안에서 소리만 내는 노인 모두 일단 괜찮다는 걸 확인한다. 가난하고 여유가 없는 삶이지만 박장이 씨는 남을 돌보고 챙기는 일에 보람을 느낀다. “남을 배려하고 챙기다 보면 마음에 활력과 기쁨이 생겨요. 수명이 다할 때까지는 숫자를 셀 필요가 없다고 생각해요. 살 때까지 즐겁게 살면 안 되겠나 생각합니다.”

다음 날 아침 그는 특별한 곳을 방문할 예정으로 길을 나섰다. 그 옆에서 복지사가 나란히 걷는다. 두 사람이 청소 봉사를 위해 도착한 곳은 한 쪽방촌. 봉사활동을 나온 젊은 학생들이 함께할 예정이다.

“이 집 한 번 청소 봉사한 적 있어.”

박장이 씨의 진두지휘 아래 청소를 시작한다. "남을 돕고 있다고는 생각하지는 않는다"라는 장이 씨는 사회봉사활동을 통해 젊은 세대와 만나며 활력을 얻는다.

"예전에 청소 봉사했던 곳이에요?"

"응. 예전보다 많이 나아졌어."

박장이 씨와 복지사가 그런 대화를 나누면서 좁은 계단을 오른다. 쪽방촌의 방들은 하나같이 한 사람이 겨우 몸을 누일 수 있을 만한 비좁은 공간이다. 그 좁은 방 안이 쓰레기장과 다름없는 상태다. 이러니 병이 나겠지 싶을 정도다. 막막한 표정으로 방 앞에 서 있던 사람들이 박장이 씨의 진두지휘 아래 청소를 시작한다. 처음 봉사할 때는 박장이 씨도 힘들었다. 그런데 일을 마치고 나면 찾아오는 어떤 특별한 감정이 있다. 학생들은 아직 이해하기 힘들지도 모르겠다. 서랍장을 박박 닦아 땟물을 벗기면서 박장이 씨가 환하게 웃는다.

"남을 돕고 있다고 생각하지는 않아요. 이런 일을 하면서 내가 얻는 활력과 기쁨을 떠올리면서 해요."

그런 마음으로 쪽방촌의 독거노인들에게 말도 걸고 필요한 걸 묻는다. 아픈 데는 괜찮냐고, 약도 꼭 드시라고, 여기 수건 걸어두니 세수도 자주 하시라고, 바깥에 나가서 바람도 쐬고 운동도 하시라고. 박장이 씨의 애정 어린 말들을 노인들도 마음으로 받는다.

그에게는 이 일이 새로운 관계를 맺는 소통의 장이기도 하다. 봉사 단체 사람들도 이 일을 같이 하며 자연스럽게 만났다. 학생들과도 편하게 말을 섞는 박장이 씨가 학생들에게는 또 다른 노년의 모델이 된다. 젊은 세대와 공감하며 세상 속에서 함께하는 노년. 한 학생이 그를 보며 말한다.

"본인도 힘들게 사시는데 남을 위해 봉사하러 오시고……. 보면서 느낀 게 많아요. 저도 자신만 생각하지 않고 이웃을 더 살피고 힘들면 도와주고, 그렇게 늙고 싶어요." 🙰

노인에게 사회봉사활동은 더불어 사는 사회에서 자신의 역할을 찾아 기여하는 일이라고 할 수 있다. 지금 나이에 사회에 기여하는 방법이 없을까 고민하던 한 노인이 운전할 때 무조건 양보하는 것으로 대신하고 있다는 고백은, 사회 구성원으로서 어떤 역할과 기여를 통해 스스로를 사회적 존재로 인식하고자 하는 노인의 욕구를 잘 드러낸다. 봉사활동에 참여한 노인들이 삶의 만족도와 정신 건강에 긍정적인 효과를 얻었다는 연구 결과는 어쩌면 당연한 것이다. 이 사회에 공헌하는 역할은 물론이고 다른 이에게 도움이 되는 존재가 되길 바라는 욕구는 나이와 상관없이 자연스럽다. 더구나 이만큼 살고 보니 결코 혼자 이룰 수 없는 삶이었음을 깨달은 노인에게는 그 일이 그동안 누리고 받은 것들을 사회에 환원하는 의미로도 가치가 있다.

2017년 보건복지부의 「노인 실태조사」 보고서에 따르면 전체 노인의 3.9%가 자원봉사를 하고 있으며, 단 1회라도 자원봉사 경험이 있는 노인은 15.4%로 비교적 낮게 나타났다. 연령 분포나 성별 차이보다 교육 수준에 따른 차이가 두드러지는데, 무학의 경우 현재 참여율이 0.3%이고 전문대학 이상은 8.6%로 그 차이가 월등히 컸다. 현 노인 세대는 경제적 어려움에 처해 있는 비율이 높고, 일 이외의 시간을 쓰는 데 필요한 교육이나 가치관이 충분하지 않지만 앞으로는 사회봉사활동 분야가 다양해지고 참여 희망 정도도 상대적으로 높아질 것이다. 여가 시간을 활용하는 방식도 달라질 것이다.

노인들은 자녀들의 성장과 독립, 배우자 사망 등으로 인해 그동안 해온 역할을 잃게 되면서 새로운 역할이나 활동에 관심을 갖게 된다. 지금까지 시간 여유가 없어서 하지 못했던 일들에도 적극적으로 참여할 여유가 생긴다. 한 연구에서 노인이 참여를 원하는 여가 활동 유형 중 사회봉사활동이 81.2%로 높은 비율을 차지했다. 또 응답자 대다수가 현재나 예전 직업과 관련한 자원봉사활동을 원했다. 사회적 지지가 필요한 노인들에게 봉사활동은 새로운 관계를 확장하고 새 역할을 부여받는 중요한 사회적 활동 중 하나다.

사회적 지지(Social Supports)는 한 개인이 그가 가진 관계로부터 얻을 수 있는 모든 긍정적 자원을 의미한다. 연구에 따르면 사람들 사이에 오고 가는 정서적 관심, 위로, 실질적 도움, 이해 등과 같은 사회적 지지는 심리적 만족감뿐 아니라 신체적 건강을 향상시키는 효과가 있다. 자아존중감도 상승한다. 봉사활동은 사회적 지지를 상호 교환할 수 있는 대표적인 사회활동이다.

현재 외국에서 실시하고 있는 자원봉사 프로그램에는 은퇴노인 자원봉사 프로그램, 노인 동료 프로그램, 양조부모 프로그램 등이 있다. 은퇴 노인 자원봉사 프로그램은 개인의 지식, 경험, 기술을 활용하여 봉사하는 것이고, 노인 동료 프로그램은 도움을 필요로 하는 다른 노인을 위해 일상생활의 서비스를 제공하는 것이다. 양조부모 프로그램은 도움이 필요한 아동이나 청소년에게 교사나 후견인 역할을 하는 봉사를 주로 한다. 앞으로 한국 사회도 노후의 자원봉사활동에 대한 노인들의 욕구가 다양해지리라 예상되는 가운데 지역사회와 국가 차원에서 노인들의 사회참여를 증진시킬 제도와 정책 기반 확립이 요구된다.

# 잘 늙는다는 건

　　경상남도 양산의 한 중학교, 작업복 차림으로 학교 정원 일을 하고 있던 노인이 학생들에게 웃으며 말을 건넸다. "공부하느라 수고했다. 어, 그래. 너는 몇 학년이니?"

　꾸벅 인사하던 학생이 2학년이라고 자신을 소개하자 그렇구나, 하고 노인은 고개를 끄덕이고 교정의 다른 학생들과도 반갑게 인사를 나눈다. 스스럼없이 노인을 대하는 학생들은 노인을 익히 아는 눈치다. 노인에 대해 묻자 한 학생이 "저희가 학교생활을 하는 데 불편한 점이 없도록 매일 도와주시고 힘써주시는 분"이라고 소개한다. 친근한 동네 할아버지 같은 그는 이 학교의 이사장, 채현국(83세, 효암학원 이사장) 씨다. 교정 구석구석을 돌아다니며 학교 청소도 직접 하는 그에게서 이사

공부하느라 수고했다

채현국 씨와 학생들은 스스럼없이 서로 인사를 나눈다.

장의 권위의식은 찾아보기 어렵다. 교사들도 그를 '완전히 열린 분'이라고 묘사한다.

"보통 저 나이쯤 되면 노쇠하고, 은퇴해야 한다고 생각할 텐데, 이사장님 보면서는 그런 생각을 해본 적이 없는 것 같아요. 나이와 정신적 늙음이 일치하지 않는다는 것의 산증인이시죠. 저보다 훨씬 젊은 생각을 하실 때가 많아서 오히려 자극제도 되고요."

그는 1960년대 흥국그룹의 총수였다. 유신 시절에는 쫓기고 핍박받는 민주화 인사들에게 은신처를 제공하고 해직기자들을 후원한 익명의 운동가이기도 했다. 많은 부를 축적했지만 전 재산을 사회에 환원하고 조용히 교육에 헌신하던 중 근래

"상을 받는 아이들은 상을 받지 못하는
아이들 덕분에 상을 받는 거다."

그의 거침없는 말들이 화제가 되었다.

　"상을 받는 아이들은 상을 받지 못하는 아이들 덕분에 상을
받는 거다."

　"노인들이 저 모양이란 걸 잘 봐두어라. 지금 노력하지 않으
면 너희들도 저 꼴 된다."

　"젊어서 잘 놀아야 늙어서도 잘 논다. 논다는 것은 자기 할 것
을 잘한다는 말이다."

　그저 그럴듯한 말이 아니라, 그가 지금까지 생각하고 실천해
온 온전한 삶이 녹아 있는 말들이기에 젊은 세대는 반가워했
다. 그에게서 새로운 노인상을 발견했기 때문이다. 정작 그는

자신이 한 일을 미화하지 말아달라고 조용히 당부하면서, 노인은 무엇보다 평화로워야 한다고 했다.

"노인은 늙은 결과가 아닙니다. 살아온 것의 결과입니다. 죽음을 앞두고 허무하고 허망하게 지낼 게 아니라 잘 익은 열매처럼 점점 더 좋은 향기가 나고 좋은 영양가가 될 수 있도록 해야 합니다. 그러려면 평화로워야 해요. 평화로우려면 자기가 행복해야 하고, 자기가 기뻐야 해요. 자기 내면, 마음이 평화롭지 않으면 이미 사회에 폐를 끼치는 사람인 셈입니다. 노인은 반드시 평화로워야 해요."

분주한 하루를 마치면 그는 교정 구석에 마련된 허름한 공간으로 돌아간다. 그곳이 그의 숙소다. 가장 편안한 휴식은 숙소에서 책을 읽는 시간이다. 그런데 방구석, 낮은 상 위에 놓인 약봉지들이 심상치 않다.

"전립선암에 걸렸는데 아직 치료중입니다. 글쎄, 그렇게 두렵지는 않아요. '암? 응, 그래. 당뇨? 응, 그래' 하는 생각뿐이지 비감(悲感)이 안 들어요. 불행을 당하고도 불행감에 휩싸이지 않아요. 중요한 건 그거죠. 늙어서도 무리할 수 있다는 것 자체가 신나고 재밌어요. 고단할 정도로 일을 할 수 있다는 게 얼마나 신나는 일입니까?"

뭐든지 적당한 때가 있다고 믿는 그지만 죽음 직전에 깨우치기도 하는 게 인생이기도 하다고 말한다. 어떻게 사느냐가 중요할 뿐, 인간의 가능성은 무궁무진하므로. **99**

## 스스로 평화롭고 행복하기

모두들 '잘' 늙고 싶어 한다. 잘사는 것의 기준이 시대나 사람마다 다른 것처럼 잘 늙는 것의 기준 역시 세대마다 다르다. 남에게 폐 끼치지 않고, 젊은 세대를 상대로 꼰대 노릇을 하지 않고, 가진 것을 아낌없이 베푸는 게 잘 늙는 것일까? 혹은 젊음을 잃지 않으려고 노력하며 젊은 사람 못지않은 활력으로 열심히 사는 것이 잘 늙는 것일까? 누군가는 나이 듦을 긍정적으로 받아들이고 변화를 수용하는 것이 잘 늙는 것이라 하고, 또 다른 현자는 자기 안을 파고들어 내면을 성숙하고 풍요롭게 만드는 걸 잘 늙는 일의 핵심으로 꼽는다.

그런데, 한 조사에서 젊은 세대가 노인들에게서 잘 늙음을 변별하는 기준으로 꼽은 것은 놀랍게도 노인의 '웃는 얼굴'이었다. 긍정적인 노년 이미지를 갖게 될 때 역시 '노인의 웃는 얼굴을 볼 때'라고 답했다. 노인은 무엇보다 평화로워야 한다던 채현국 씨의 말이 자연스레 떠오르는 부분이다. 노인 자신이 행복하고, 노인 자신이 기쁜 삶이 그와 같은 평화로움을 만든다고 그는 말했다.


## 다양한 개성과 감각을 살려라


철학자 김형석(99세) 씨와 세계 최장수 현역 디자이너 노라노(91세) 씨는 규칙적이고 절제된 일상을 영위하는 것으로 유명하다. 두 사람 모두 유쾌한 웃음과 농담으로 함께하는 사람들을 즐겁게 하는 걸로도 잘 알려져 있다. 뇌출혈로 쓰러져 운신할 수 없는 부인을 23년 동안 간병하고 사별 후 혼자 노년을 맞은 철학자 김형석 씨는 저서 『100년을 살아보니』에서 일할 수 있는 걸 가장 감사한 일로 꼽았다. 무엇보다 "무조건 오래 사는 게 중요한 게 아니라 스스로 행복해야 한다"면서, 서둘러 정신적 성장을 멈추는 이들에게는 "너무 일찍 인생을 끝내지 말라"고 충고한다.

육영수, 이희호 영부인 의상부터 엄앵란, 윤복희의 미니스커트까지 70년간 한국 패션 산업 개척자로 살아온 노라노 씨는 90대 현역 디자이너라는 이유만으로도 같은 업계의 젊은 세대에게 이상적인 모델이 된다. "내 평생 미워했던 사람은 두 사람 반이야"라는 그의 말에서 그가 어떤 삶을 살아왔는지 짐작할 수 있다. 이들은 모두 규칙적인 일상과 심신의 평화로움을 유지하면서 유머 감각을 잃지 않고 하는 일에서 자기만의 감각을 발휘하고 있다.

개성 넘치는 감각으로 노년을 살아가는 이들의 이야기는 곧잘 젊음을 신봉하고, 젊은 세대를 흉내 내는 이들의 이야기로 오해받기 쉽다. 편견 속 노인의 모습에서 벗어날 경우 사람들은 '젊게 살려고 애쓴다'고 판단해버린다. 그러나 통념과는 반대로 사람은 나이가 들수록 더 독특해진다. 개인차가 커지고, 개성은 두드러지며, 장점과 단점이 더 강하게 표현되면서 젊은 세대보다 훨씬 더 다양한 모습을 연출한다. 노화의 속도도 제각각이다. 이런 명백한 사실을 보지 못하도록 가리는 건 노인들은 이러저러하다고 일반화하는 편견과 혐오다.

그들은 젊음을 신봉하거나 젊게 사는 걸 목표로 삼지 않으면서 독특한 개성과 감각을 지닌 노인으로 살아가고 있다. 살아가며 심신에 생기는 여러 변화를 받아들이고, 그 변화와 더불어 살아가면서 때때로 불행해도 비감을 느끼지는 않으며, 무엇이든 끊임없이 탐색하는 노인은 다음 세대들에게 또 하나의 의미 있는 모델이 된다.

# 아직 시간은
## 충분하다

     **❝** 눈부신 조명이 켜지고, 비트 강한 음악이 흐르기 시작한다. 사람들의 시선은 런웨이 끝, 지금 막 등장한 모델들의 실루엣으로 모인다. 염색하지 않은 은색 머리가 반짝인다. 굽 낮은 구두를 신은 시니어 모델들이 완전히 모습을 드러내자 관객들은 환호성과 함께 박수를 친다. 임권임(87세) 씨가 능수능란한 포즈로 런웨이를 누비기 시작하자 박수 소리가 점점 커진다. 올해 9년 차 베테랑 시니어 모델인 임권임 씨는 기네스북에 등재된 최고령 모델, 87세의 카르멘 델로피체(Carmen Dell'Orefice)와 동갑이다.

    감각과 자신감이 넘치는 워킹이 돋보이는 임권임 씨가 시니어 모델 일을 시작한 건 30~40년 동안 해오던 일을 그만두고

시니어 모델들의 패션쇼 현장. 임권임 씨의 감각과 자신감 넘치는 워킹이 돋보인다.

집에만 머물기 시작하면서 느낀 변화 때문이었다.

"하던 일을 큰 사위에게 맡기고 집에 들어앉아 있었어요. 그러다 보니 정신이 나가고 당뇨가 생기지 뭐예요. 계속 이렇게 집에만 있으면 안 되겠다 고민하던 차에 우연히 신문에서 모델 공고를 보고 지원했어요."

모델 일을 시작하고는 정신이 명해지는 시간이 줄었다. 매일 아침, 잠에서 깰 때 기분도 달라졌다. 직접 피부 마사지를 하고, 화장과 머리 모양도 직접 챙긴다. 주변 사람들이 전문가보다 낫다고 할 정도다. 화려한 색의 의상을 좋아한다. 오른쪽 두 번, 왼쪽 한 번 총 세 번 고관절 수술을 했지만 무대에 설 때는 하이힐을 신는다.

"열 걸음 정도 걷고 나면 아프지 않아요. 평소 식단 관리는 그냥 소식만 해요. 당뇨가 있어서 많이 먹으면 안 되기 때문에 따로 챙겨 먹거나 하는 건 없어요."

교육을 받으러 갈 때나 공연, 쇼가 있을 때도 누구에게도 의지하지 않고 직접 준비해서 움직이는 임권임 씨. 그런 임권임 씨를 카메라에 담고 있는 또 한 사람이 시선을 끈다. 백발의 여성 카메라 기자 정학규(71세) 씨다. 퇴직 후 카메라에 호기심이 생겨 배우기 시작해 운 좋게 일을 얻게 되었다는 정학규 씨는 노인 세대의 적극적인 사회 참여를 지향하는 노인 전문 채널에서 활동하고 있다. 노인 세대와 관련 있는 다양한 학술대회, 세미나, 행사 곳곳을 찾아다니며 사회에 기여하는 일을 하고자 노력한다.

"은퇴는 했지만 신체와 정신이 아직 멀쩡한 사람들이 많아요. 당황스럽죠. 젊은 시절에는 너무 열심히 일만 하다 보니까 은퇴 이후를 생각하고 준비하는 데 소홀했어요. 그러다 은퇴하고 나니까 마치 사회의 낙오자가 된 기분이더라고요."

예측하지 못했던 은퇴 후 변화에 적응하기가 너무 힘들었다는 학규 씨. 앞으로 살아갈 시간을 소극적이고 수동적으로 허비할 수 없었다. 좌충우돌 일단 부딪혀보자 시작했지만 처음엔 고난이 많았고 실제로 위험한 상황에 처하기도 하면서 조금씩 길을 찾게 된 것 같다고, 학규 씨는 여전히 배우는 중이라

촬영 위치를 조정하고 음향을 체크하는 것부터 행사가 끝날 때까지 오랫동안 서서 카메라를 다루지만 정학규 씨의 표정은 내내 행복하다.

며 덧붙였다. 주말도 없이 무거운 카메라 장비를 챙겨들고 집을 나서는 일이 잦으니 가족들이 걱정해도 학규 씨가 가진 일에 대한 열정을 꺾지는 못한다.

"젊어서는 직장 다니느라 내가 하고 싶은 일을 못했다면 이제는 마음대로 하고 싶은 일을 선택해서 할 수 있잖아요. 그때보다 눈도 어두워지고, 목도 구부정해지고, 허리도 안 좋은데 모니터를 계속 봐야 해서 여러 가지 불편한 점이 있지만 너무하고 싶은 걸 어쩌겠어요."

촬영 위치를 조정하고 음향을 체크하는 것부터 행사가 끝날 때까지 오랫동안 서서 카메라를 다루어야 하는 고된 일이지만 정학규 씨는 누군가에게 도움이 되는 시간이 내내 즐겁다.

"은퇴 후 정신적 고통을 최소화하고 본인이 원하는 노후 생

활을 즐기기 위해서는 은퇴 후 자기가 할 일을 미리 준비하는
게 중요합니다. 완벽하게 세팅을 하라는 의미가 아니라, 그럴
수도 없고요, 막연하게나마 상상해보는 시간이 꼭 필요한 것
같아요. 내가 뭘 좋아하던 사람이었나, 어떤 사람이 되고 싶었
나 그런 생각도요."　**99**

### 어릴 때 장래희망을 상상하듯

나이에 구애받지 않고 자기가 하고 싶은 일에 몰두하는 사
람들은 하나같이 은퇴 후 삶을 구체적으로 상상해봐야 한다고
조언한다. 더불어 그 상상이 가능해지고 유용해지려면 나이나
노인 세대에 대한 인식을 바꾸어야 한다고 강조한다. 태어나
죽을 때까지 한 인간에게 주어진 모든 시간은 소중하고, 그 시
간의 가치는 유년이나 노년이나 다를 바 없다.

그러나 우리는 무의식중에 노년의 시간이나 욕망, 감정 등의
가치를 상대적으로 저평가하는 사회 분위기에 침잠해 살아간
다. 마치 25세의 삶이 70세의 삶보다 중요한 것처럼. 이쯤에서
질문해봐야 한다. 살아가는 매 순간이 개인의 삶에서는 늘 최
초이자 돌아오지 않을 시간인데, 은퇴 후 '앞으로 어떻게 살 것
인가' 하는 고민의 무게가 10대, 20대가 하는 '앞으로 커서 뭐

하지?' 같은 고민의 그것과 크게 다를까? 우리는 모두 처음 살고, 처음 늙고, 처음 죽는다.

'어떻게 늙을 것인가'라는 질문은 사실 '어떻게 살 것인가'와 다르지 않고, '어떻게 시간을 보낼 것인가'와 자연스럽게 연결된다. 고령화로 인해 은퇴 후 삶이 연장된 세대는 그 시간을 어떻게, 뭘 하면서 보낼 것인지 고민하지 않을 수 없다. 특정 나이 이후를 생각해본 적 없던 사람들이 이제는 그때부터 시작되는 새로운 삶을 상상해보게 되는 것이다.

아직은 선택지가 그리 다양하지 않지만 최근 문화예술 관련 활동과 환경이 주는 중요성이 강조되면서 관련 논의가 활발해지고 있다. 기존 노인 대상 문화예술 프로그램은 크게 주목받지 못한 채 사교댄스, 가요 교실, 생활 공예 등 공급자 중심의 기능 교육을 일방적으로 제공하는 방식으로 운영되었다. 노인은 수동적인 문화 소비자가 될 뿐, 특유의 노인 문화나 양식을 형성하는 주체적인 모습이기 어려웠다.

베이비붐 세대의 높아진 기대수명, 달라진 경제 상황, 학력 수준 등은 심리적인 안정과 삶의 의미를 재발견하는 데 도움이 되는 문화예술 프로그램에 대한 노인 세대의 기대치를 바꿔놓았다. 단편적인 기술 습득이나 수동적인 소비만으로는 노인 세대의 사회적 · 개인적 욕구를 충족하기 어려워졌다. 기존 인식을 바꾸고 통념에 도전하면서 창의성을 발휘하는 노년기를 영위하는 것과 관련한 개념으로 '창의적 노화(Creative Aging)'가 회자되는 데에는 이런 달라진 욕구들의 영향이 적지 않다. 창의적 노화란, 노인 세대의 성장 가능성에 초점을 두고 창조적 활동과 사회참여를 통해 의미 있는 노년을 찾는 제반 활동을 의미한다. 더 좁게는 그런 노년의 시간을 촉진할 수 있는 창의적 문화예술 프로그램을 뜻하기도 한다.

은퇴 후 시니어 모델이 된 임권임(87세) 씨와 카메라 기자로 활동 중인 정학규(71세) 씨는 통념 밖으로 나가서 하고 싶은 일을 하며 노년을 보내는 창의적 삶을 살아가고 있다. 세계적인 노화학자 마크 윌리엄스(Mark Williams)는 "습관이 주는 편안함의 유혹을 이기는" 것에서부터 잘 늙기 위한 준비가 시작된다고 말했다.

달리 말하면 창의적 노화는 지금까지의 삶에서 굳어진 인식, 습관, 통념이 주는 편안함을 거부하고 새로운 경험을 마다하지 않는 것에서부터 시작할 수 있다. 75세에 처음 그림을 그리기 시작해 101세에 세상을 떠나기까지 1,600여 점의 작품을 남긴 미국의 국민 화가 그랜드마 모지스(본명은 애나 메리 로버트슨 모지스, Anna Mary Robertson Moses)처럼. 평범한 일상이 빛나는 그의 작품은 지금도 우표나 카드에 꾸준히 사용되면서 많은 사람들에게 사랑받고 있다. 그는 말했다.

"인생은 우리 스스로 만드는 것이다. 이전에도 그랬고 앞으로 도 늘 그럴 것이다."


## 창의적 노화와 노년 문화

66 문래동 대안예술공간은 이명호(가명, 64세) 씨의 주 활동 공간이다. 그곳에서 그는 젊은 작가들과 어울려 차를 마시고 이야기를 나누며 기타와 바리스타 수업, 목공 수업에 참여했다. 30년 동안 다닌 직장에서 은퇴한 이후 돌연 무너져 내린 자존감 때문에 힘들었다는 이명호 씨는 그때는 자신이 정말 아무것도 아닌 것 같았다고 회고했다. 그러다 우연히 받게 된 교육이 그를 터널에서 걸어 나오게 했다.

"앞으로 어떻게 살아야 할까 고민이 많았죠. 먼저 기준을 세 웠어요. 내가 잘하는 일을 할 것. 또 나한테 재밌는 일을 할 것. 그리고 다른 사람이나 세대에게 도움이 되는 일을 할 것."

명호 씨는 가장 먼저 동네 공부부터 했다. 한동네에서 20년 넘게 살아왔지만 아는 게 전혀 없었다. 열심히 돌아다니던 중 우연히 와인 수업 광고를 봤다. 수업에 참여하면서 젊은 예술인들을 만났고, 권유로 '동네 텃밭 가꾸기'에 참여한 후 지역예술가들과 자연스럽게 친분을 쌓게 되었다.

동네 모임에 나가고부터 다양한 취미도 가졌다. 환경운동, 이야기 채록사 협동조합, 예술인이 운영하는 사회적 기업 등에서 그동안 쌓아온 지식과 노하우를 발휘하기도 했다. 문래동이 유명해지고 나서는 관광가이드 역할도 하게 됐다. 잘하고 재밌는 일을 취미 삼아 배우고 기회가 있을 때마다 관련 일에 참여하다 보니 자연스럽게 일정 소득이 생겼다.

"은퇴 전에는 먹고살기 위해 일을 했다면, 은퇴 후에는 새로운 가치를 찾고 실현하기 위해 몸과 마음을 움직이게 됩니다. 먼저 자기에게 맞는 취미를 즐기는 것부터 시작해서 봉사나 더 가치 있는 활동으로 연결하면 좋을 것 같습니다. 취미가 일정한 수익을 내는 일이 되면 더할 나위 없겠죠." 🙶

최근 뇌과학 연구에서는 뇌의 유연한 가소성이 노화의 과정에서도 얼마든지 창의성 발현을 가능하게 한다는 걸 증명하는 사례가 늘고 있다. 인지능력을 비롯한 뇌의 수행 능력은 노화로 줄어드는 뇌신경세포의 수가 아닌 세포들 간의 원활한 연결 여부에 달려 있다. 예술 활동을 비롯한 창의적 노화의 여러 방식은 이러한 두뇌 건강과 발달을 촉진시키며, 나아가 신체 건강과 정서 치유의 효과 있다는 경험적 주장은 오래되었다. 새로운 노인 담론 형성이 기대되는 베이비붐 세대는 이러한 주장을 곧바로 현실로 살게 될 것이다.

젊은 세대들은 현 노인 세대들에게서 '이것이 노년 문화다' 할 만한 걸 발견할 수 없다고 말한다. 겨우 떠올라도 대개 어둡고 부정적이다. 미디어나 사회적 편견 탓이 크지만 노인 스스로도 당사자 문화 형성에 지금보다 더 관심을 가져야 한다. 노인 스스로가 긍정적인 문화와 양식을 형성하는 일은 무척 중요하다. 그렇게 형성된 문화는 50대는 이래서, 60대는 저래서, 70대는 이러저러해서 재밌고 의미 있고 나름의 문화 속에서 다양한 선택지가 있다는 걸 젊은 세대에게 보여줄 수 있다.

설문 조사에서도 드러났듯 젊은 세대 다수는 노년이 그리고 노인이 행복하길 바란다. 왜 그렇지 않겠는가. 노인은 그들이 살아서 반드시 가닿게 될 미지의 대륙이다. 언젠가는 가닿게 될 그 대륙이 마냥 행복하지는 않더라도 살아갈 조건이 갖추어져 있고 자기에게 더 집중할 수 있는 시간이 기다리고 있다는 걸 알게 될 때 젊은 세대에게도 희망이 생기지 않을까. 노인 당사자가 주도하는 노년 문화는 노년의 삶의 질을 결정할 뿐 아니라 이처럼 젊은 세대에게도 영향을 미친다.

미국의 시인 메이 사튼(May Sarton)은 70세가 되었을 때 이렇게 말했다.

"나이가 들면 왜 좋을까? 내가 예전 그 어느 때보다 더 나다울 수 있기 때문이다."

노인들이 신노년 담론, 성공적 노화, 액티브 시니어(active senior) 등에서 강조하는 경제적 생산성과 사회적 기대에서 벗어남으로써 나이 듦에서 즐거움을 느끼는 건 매우 중요하다. 그들에게 젊게 살기를 요구할 게 아니라 70대는 70대의 삶을, 80대는 80대의 삶을 각각 개인의 기질과 상황에 맞춰 창조할 수 있도록 사회 전체의 인식을 전환해야 한다. 젊음의 활력을 최대한 유지하는 게 행복한 노년이라는 생각은 큰 착각이다.

70~80대 노인들을 대상으로 20년 전 일상생활을 재현해 놀라운 결과를 얻은 '시계 거꾸로 돌리기 연구'의 엘런 랭어(Ellen Langer) 박사도 노인이 심신 건강과 만족스러운 삶을 위해 절대 포기하지 말아야 할 것은 노인 자신의 삶에 대한 선택권, 즉 '자기통제권' 회복이라고 말했다. 늙고, 느리고, 여러 신체 기능이 불편해진다고 해도 자기 삶에서조차 '쓸모없는' 존재로 전락해서는 안 된다고 그는 강조했다. 그렇다. 노년기의 자기평가 기준이 '쓸모'나 '돈'이 되어서는 안 된다.


## 자기 탐색이 주는 선물

66 그동안 누군가의 딸, 누군가의 아내, 누군가의 엄마로만 살았다는 이정화(가명, 60세) 씨는 어느 날 자신이 정말 원하는

게 뭔지 곰곰이 생각하기 시작했다. 부모는 차례차례 세상을 떠났고, 남편이나 자식은 예전처럼 자기를 필요로 하지 않았다. 지난한 돌봄노동도 갱년기에 찾아온 허무감도 잘 넘겼다고 여겼는데 그게 아닌 모양이었다. 마음속이 텅 빈 것 같았고, 앞으로 살아갈 시간에 뭘 해야 할지 막막해졌다.

"사회에 의미 있는 일도 좋고, 봉사도 좋은데 무엇보다 내 안을 채우고 싶어졌어요. 내가 진짜 뭘 하면서 살고 싶은지, 사춘기 때도 안 하던 고민을 열심히 했어요. 우선은 한 번도 접해보지 못한 걸 배워보자 했죠."

플루트 연주와 시 쓰기, 만다라 그리기를 배우면서 이정화 씨는 점차 자기 내면의 목소리에 집중하기 시작했고 자기가 철학 공부에 관심이 많다는 걸 알게 되었다. 철학 공부 모임에 나가면서 철학 책을 읽고 함께 토론하는 일의 즐거움을 느꼈다. 매일매일 조금씩 마음이 채워지는 기분이었다. 앞으로 살아갈 시간에 대한 관념도 달라졌다.

"읽어야 할 책도 너무너무 많고, 공부할 것도 너무너무 많아요. 그게 신나요. 앞으로 노인들에게 꼭 필요한 철학 공부, 인식을 바꿔갈 철학 공부를 다른 사람들과 함께하고 싶어요. 지금까지의 삶 중 지금이 제일 풍요로운 기분입니다."

이정화 씨는 철학을 공부하면서 세상사에 전보다 더 관심을 가지게 되었다고 덧붙였다. 노인복지 정책에 대해서도 의견을 갖고 토론하고 요구할 수 있게 되었다고 말했다. 이전에는 단 한 번도 경험해보지 못한 일이었다. **99**

　노년의 시간을 보내는 가장 이상적인 방법은 노인 한 사람 한 사람에게 맞는 방식을 각각 찾아서 살아가는 것이다. 삶은 개개인에게 맞는 방식으로 살아가는 게 비교적 정답에 가까울 수 있다는 주장에 노인도 예외는 아니다. 그러기 위해서는 노인의 다양성을 인정하고 그들의 선택을 존중하는 사회 분위기를 만들어가야 한다. 노인들은 이정화 씨처럼 자기에게 몰두해 지금까지 단련하지 못했던 자기 내면에 집중하는 것도 좋다. 내면에 자기 세계가 있는 사람은 나이와 상관없이 혼자 충만한 시간을 보낸다. 몰두할 자기 세계가 없는 경우, 노인뿐 아니라 젊은 사람들도 주변 사람을 괴롭히기 쉽다.

　은퇴 후 사회적 관계가 축소되기 마련인 노인들은 타인과 주변 사람에게 뻗었던 시선과 관심을 자기 내면으로 가져오는 변화로 충만해진다. 전 세대 노인과 확연히 다른 베이비붐 세대라고 하지만 삶을 컨베이어 벨트에 올라탄 것처럼 살아온 그들도 은퇴 전에는 집중할 만한 내적 세계를 형성하기 요원하다.

　어쩌면 노년은 외적으로는 축소되는 세계가 내적으로 충만해질 수 있는 시기일지 모른다. 그런 삶은 이정화 씨와 같이 자기가 원하는 것을 탐색함으로써 가능해진다. 노년의 자기 내면 탐색은 노인 당사자가 원하는 새로운 자아상을 만들어낼수 있다. 이는 노인 당사자가 만드는 세대 문화에도 큰 영향을미친다. 자신에게 몰두하는 일상과 당사자가 주도하는 다양한사회운동이 노년의 삶의 질을 결정하는 중요한 요소임을 기억하자.

## 마지막까지 아름답고 의미 있는 삶

모두 인생의 남은 날들을 향해 가고 있다. 40살에는 뛰고, 50살에는 활기차게 걷고, 60살에는 조심스럽게 살피고 70살에는 숨이 차 한없이 느려지면서. 그러나 시간은 그와 반대로 살수록 점점 매우 빠르게 흐른다. 은퇴 후 20년 이상을 살게 된지금, 최소 10만 시간 이상이 주어졌고 이 시간은 무언가를 시작하고 이루기에 충분하다. 지금껏 한 번도 없었던 100세 시대, 신(新)노년의 탄생과 그 특별한 삶의 시간은 무엇으로 채울 수 있을까?

미국의 화가이자 작가, 타샤 튜더(Tasha Tudor)는 버몬트 주의 산골 마을 농가에서 정원을 가꾸며 자급자족한 것으로 유명하다. 밤새 동화책에 들어갈 삽화를 그리면서 모은 돈으로

타샤 튜더는 노년의 삶을 정원 가꾸기와 그림 그리기로 풍성하게 보낸 예술가였다.

58세가 되던 해에 버려진 농장 부지 30만 평을 사들인 게 그 시작이었다. 2년 후면 60살이 되는 나이였지만 그는 꿈을 포기하지 않았다. 그 이후 10년 넘게 직접 땀 흘려 정원을 가꾸었고, 마침내 그 정원을 사람들에게 공개했을 때는 그의 나이 70살이었다. 온종일 직접 가꿔 만든 타샤의 정원, 또는 비밀의 정원으로 불리는 그곳을 그는 전 세계인과 나눌 수 있었다. 92살의 나이로 세상을 떠나기 전까지 정원을 가꾸고 그림을 그린 타샤 튜더는 노년의 삶에 대해 아주 간명한 조언을 남겼다.

"스스로 삶을 즐기고, 독립적으로 살아가야 합니다."

생각해보면 타샤 튜더의 말이나, 권임 씨가 선택한 삶의 태도는 노년에만 적절하고 유효한 게 아니다. 누구나 단 한 번 사는 생의 어떤 순간이든 자기 자신으로 살면서, 충분히 즐기고, 독립적으로 살아가는 걸 지향하기 마련이다. 오히려 지금까지 노년이라는 시간과 노인이라는 존재가 그런 삶과 욕구, 태도에서 배제되어왔다고 해야 할 것이다. 노인이어서 특별히 이렇게 저렇게 살아야 한다가 아니라, 그 모든 삶의 욕구와 태도와 독립성에서 노인이 너무 오래 소외되지 않았나 자문해야 한다.

"어린이재단과 인연을 맺은 지 벌써 30년이 되었습니다. 배우의 길만 걷던 내게 진정한 어른이 되는 길을 알려준 소중한 인연이죠. 젊은 시절엔 목표를 향해 무조건 뛰었다면, 노년은 여유를 가지고 내게 있는 것을 나누며 베풀 수 있는 시간입니다. 사회의 생산적인 일을 담당하는 젊은 세대와 함께 살아가면서, 사회를 밝게 만들 수 있는 방법이나 교육, 미래를 향한 꿈 같은 걸 제시할 수 있는 노인이 되고 싶은 심정입니다."

– 배우 최불암

"나이 든 후 나의 생활이 예술작품이 된다고 생각해볼 수 있습니다. 내가 주인공이 되는 소설이나 영화를 만든다고 상상해

보는 거죠. 그러다 보면 어떻게 해야 내 삶이 더 아름답고 의미가 있을지 고민하게 됩니다. 물론 작품보다 더 중요한 것은 우리가 살아갈 삶 그 자체입니다."

– 장회익 명예교수(서울대 물리학과)


100년을 어떤 경험으로 채울지 고민하면서, 여기, 끝에 다다라서야 우리는 이런 의문을 당당하게 갖게 되었다. 쇠락과 상실, 무지와 빈곤이 노인을 설명할 수 있는 전부인가? 여기에 우리는 아무런 저항을 할 수 없나? 대답은 물론 '아니오'다.

# 100세 시대를 말하지만
# 우리는 진짜 100세를 모른다

—

2018 《방송문화》 가을호 '현장 이슈: 제45회 한국방송대상 특집'에
실린 김미수 작가의 글을 일부 수록 · 수정한 것입니다.

"인간에게 늙어간다는 건 어떤 의미일까?"이 물음을
시작한 것은 나 스스로부터였다. 눈 깜짝할 사이 나도 모르게
40대 중반에 이른 중년의 나이에 접어들었고, 하루가 다르게
변해가는 외모가 거울을 볼 때마다 낯설었다. 새치 염색을 하
지 않으면 외출이 불가능할 정도로 늘어가는 흰머리에, 활짝
웃을 때마다 돋보이는 눈가의 주름, 돋보기를 써야만 설명서
를 읽을 수 있는 혼탁한 눈이 나의 나이 듦을 깨닫게 했고, 스
스로를 안쓰럽고 처량한 존재라고 여기게 했다.

"이것이 늙어감의 시작인가? 그럼 노년이 되면 또 어떤 모습
으로 변할까? 나이가 들어도 절대 변하지 않는 것도 있을까?
나이가 들면 왜 고집이 세지는 거지? 노인이 되면 모든 감정이

무너지는 걸까?"

나는 막연하기만 했던 노년의 모습에 대한 구체적인 상상을 하기 시작했다. 그러나 아직 그 길에 들어서지 않은 내가 그것을 상상만으로 알기는 어려운 일이었다. 게다가 100세는 또 다른 문제였다. 100년이란 긴 시간 동안 삶을 살아간다는 건 어쩌면 인간 수명의 한계라는 기적과 같은 일을 해낸 사람들이기 때문이다.

100세 시대라고 말하지만 정작 우리는 100세인들이 어떻게 살아가는지 그들의 진짜 이야기를 알지 못하고 있구나, 란 생각이 들었다. 100세인의 삶을 제대로 보여주고 그들의 진짜 이야기를 담는 것이 핵심이 되는 다큐를 만들자는 기획은 여기서 시작되었다. 아직 초고령 진입 직전의 노인들에게, 앞으로 100세 시대를 살게 될 미래 세대들에게 꼭 알려야 하는 100세인의 이야기가 필요한 시대에 우리는 살고 있기 때문이다.

## 최초의 초고령자 관찰 다큐를 만들고자 했던 인내의 시간

〈100세 쇼크〉 3부작 중 1부('관찰 기록, 100세의 사생활')는 제작진의 인내와 수고로움으로 탄생된 작품이었다. 어쩌면 무식하리만치 시간 투자를 하며 초고령자들을 가까이에서 보고 관찰하며 얻어낸 결과물이었다. 초고령 노인들은 기본적으로 전화기 사용이 불가능했다. 청력을 잃었거나 청력 기능이 제 역할을 못할 정도로 떨어져 있어 직접 만나러 가지 않는 이상 연락될 방법이 없었기 때문이다. 그리고 카메라에 대한 낯섦이 심해 속마음을 쉽게 드러내지도 않았다. 젊은 제작진이 방어적인 주인공들과 친해지기 위해선 매일 만나고 익숙해질 때까지 기다리는 수밖에 없었다. 때로는 카메라를 두고 만나기도 했고, 작은 소형 카메라를 사용하며 그들의 일상 속으로 자연스럽게 스며들어 갔다.

물론 제작 과정은 정말 쉽지 않았다. 각 콘셉트에 맞는 주인공들을 찾아내기란 흡사 하늘에서 별 따기 수준이었다. 방송을 본 분들이 도대체 어디서 주인공들을 찾아냈냐고 자주 묻는다. 그야말로 전국을 샅샅이 뒤졌다 해도 과언이 아닐 정도로 힘겨운 섭외 싸움이었다. 겨우 섭외되었다 싶으면 마지막에 출연을 거절하는 일도 다반사였다. 때로는 포기하고 싶은 순간도 여러 번 있었다. 그러나 제작진 모두 어떤 소명감 같은 것을 갖고 있었다. 최초의 100세 인간에 대한 보고서를 만들 수 있다는 기대감과 책임의식 같은 것이었다.

## 왜 대한민국엔 유난히 노인 빈곤층이 많을까?

3부작 중 내게 가장 어려웠던 것은 어쩌면 2부('장수의 역습-벼랑 끝에 선 노인들')였는지도 모른다. 장수 시대 이면에 숨겨진 진실을 이야기해야 하기 때문이었다. 중년인 내게도 노후 준비는 까마득한 이야기처럼 들린다. 당장 써야할 돈도 부족한 내게 노후 준비를 미리 하라는 말이 어쩌면 배부른 소리처럼 들렸기 때문이다. 대다수의 국민들이 나와 같은 입장이라 생각했다. 그래서 더더욱 고민이 되었다. 어떤 메시지를 줘야 하는 것일까? 아니, 달리 말하면 메시지는 하나지만 어떤 방법으로 그 사실을 알려야하는 것일까, 였다.

사례자들을 찾아 나서기 시작했다. 그리고 오랜 시간 빈곤 노인층으로 추락한 이들을 취재하면서 그들에게 공통된 사실 하나를 발견했다. 대한민국 노인 빈곤의 가장 핵심 중 하나가 바로 자녀에 올인하는 희생적 문화라는 것이었다. 자녀의 행복과 성공을 위해 자신의 노후는 계획하지 않고 모든 것을 투자하면서 결국 노후엔 빈곤층으로 추락하는 것이다. 또 다른 노후 빈곤 원인으로 접근한 것이 바로 부동산에 편중된 재산이었다. 한국인들은 노후에 쓸 현금을 확보하지 못하면서 스스로 파멸의 길로 들어서고 있다. 생활비가 없어 찬물에 밥을 말아 먹으며 하루하루를 보내는 노인 부부 역시 살고 있는 집을 팔지 않고 손자에게 물려줄 생각을 하고 있었다. 노후에 대한 계획이 전무하니 자신이 써야할 돈을 부동산에 묶어두고 있는 현실이 참으로 안타까웠다.


## 시간의 개념만 바꿔도 노년에 제2의 인생이 시작된다


3부 '늙은 신인류의 진짜 노인 되기'에서는 제목 그대로 진짜 노인이 되는 법을 알려주고 싶었다. 우연히 지하철을 타다 일명 '짤짤이 순례'라는 것을 하는 할머니 두 분을 만났다.

동전과 음식을 공짜로 나눠주는 교회들을 시간 맞춰 찾아다니며 순례를 하는 분들이었다. 낮 시간에 지하철을 분주히 이동하는 노인 중엔 이런 '짤짤이 순례'를 하는 이들이 많다는 사실도 그때 알게 됐다. 그런데 한 가지 놀라운 것은 이분들의 경제 수준이 그렇게 나쁘지 않았다는 것이었다. 용돈을 충분히 주는 자식들에겐 자신이 짤짤이 순례를 한다는 사실을 들키면 안 된다고 했다. 난 궁금해서 물었다. "그럼 할머니들은 왜 짤짤이 순례를 하시는 거예요?" 그러자 할머니는 심심하다고 했다. "하루 종일 집에서 하는 일이 없으니 이렇게 친구들과 지하철 타고 나오면 용돈도 벌고 점심도 해결되고 시간도 때울 수 있으니 1석 3조야"라고 했다.

왜 이런 일이 벌어진 것일까. 100세까지 이렇게 심심하다는 말을 입에 달고 살면서 마치 잉여인간처럼 노년의 시간을 무의미하게 보내는 것이 정답일까. 무기력해진 사회에 경종을 울리고 결코 늙은 인류가 절망이 아닌 희망의 인류가 될 수 있다는 다른 관점의 이야기를 하고 싶었다. 이런 현상이 벌어지는 가장 큰 원인 중 하나는 바로 노인에 대한 부정적 인식에서부터 출발한다. 늙어감에 대한 우리 사회가 갖고 있는 편견을 깰 필요가 있겠다는 생각이 들었다.

노인들이 입버릇처럼 "늙으면 죽어야지"라고 한다. 왜 늙으면 죽음을 먼저 생각해야 할까. "늙어도 새로운 삶을 살아야지"라고 말하면 안 되는 것일까? 요새는 자신의 나이에서 15살을 뺀 것이 신체적 나이라고 한다. 그만큼 젊은 육체를 가지고 살아갈 날이 많아졌다는 의미다. 노인은 젊은 세대가 하지 못하는 일들을 충분히 해낼 수 있는 존재다. 생산적인 일이 아닌 가치 있는 일을 추구하며 사회를 풍요롭게 만드는 중요한 임무를 수행할 수 있다.

그동안 언론에 비춰진 노인의 모습은 가난하고, 학대당하고, 우울한 모습 위주의 부정적 이미지가 많은 부분을 차지했다. 분명 사회 곳곳에서 활기차고 멋진 인생을 설계하며 새로운 일에 도전하는 노인들이 존재하지만 그런 노인들을 우리는 매스컴을 통해 자주 접해볼 기회가 없었던 것이다.

노년의 참된 삶에 대해 서울대 물리학과 장회익 명예교수님의 말씀이 가장 가슴 깊이 남는다. "노년이지만 자신의 생활을 작품이라 생각하고 나를 주인공으로 한 멋진 작품을 만든다고 생각하면 앞으로 남은 생애를 의미가 있게 살 수 있다"라는 것이다.

노년의 삶을 우리가 어떻게 바라보느냐에 따라 남은 인생은 180도 달라진다. 시간은 개인의 역사뿐 아니라 삶의 지혜도 함께 쌓여가는 것이다. 오랜 시간은 그만큼 후손들에게 나눠줄 지혜 역시 많다는 의미이기도 하다.

과거 흥국그룹의 총수였던 채현국 효암학원 이사장님은 정말 존경할 만한 분이다. 사실 처음엔 취재를 거부하셔서 섭외하는 데 많은 공을 들여 겨우 출연을 허락받았다. 자신이 나서서 할 이야기가 없다며 한사코 출연을 거부하셨다. 전 재산을 사회에 환원했고, 인생 후반을 교육에 헌신한 채현국 이사장님은 "노인은 죽음을 위해 자신의 인생을 정리하는 허무한 삶이 아닌 죽는 순간까지 잘 익은 열매처럼 향기가 나는 일을 해야 한다"라고 했다.

그 말을 듣는 순간 정말 눈물이 났다. 내가 노인이 되면 저렇게 멋지게 나이 든 노인이 되고 싶었다. 채현국 이사장님은 암 투병 중이었다. 그것도 전립선암 3기였다. 그러나 그에게 병마는 죽음을 준비하게 한 것이 아닌 더 열심히 살도록 채찍질하는 원동력이 되었다.

아, 지금 동시대를 살고 있는 노인 중에는 이런 존경할 분들이 많구나. 새삼 그런 분들을 많이 만나고 그분들의 이야기를 많이 듣고 싶다는 생각을 했다.

우연히 고령에 패션쇼 모델을 한다는 사례자를 촬영하러 갔다가 무대 아래에서 커다란 ENG 카메라를 들고 나타난 한 백발의 할머니를 발견했다. 뒤늦은 나이에 카메라 감독이 된 71세의 정학규 할머니였다. 노인 전문 채널에서 일하신다는 할머니는 편집도 스스로 할 줄 아는 프로 감독이었다. 몸이 고단하고 힘들 때도 많지만 새로운 일에 하루하루가 즐겁기만 하다고 했다. 그 표정이나 미소만 떠올려도 행복해진다.

방송이 나가고 아버지와 맥주 한잔을 할 기회가 주어졌다. 〈100세 쇼크〉 3부작을 본방 사수하신 아버지가 가장 감명 깊게 시청한 것이 바로 3부였다고 했다.

나의 아버지는 동양화 화가시다. 하지만 어깨와 무릎 관절염에 손 떨림 증상이 심해지고 눈도 침침해지면서 어느 순간 작업대에서 붓도, 종이도 모두 치우셨다. 그리고 늘 무언가 떠날 준비를 하시는 것처럼 이전의 활기차던 모습도 점점 사라지셨다.

그런 아버지가 다시 붓과 종이를 꺼내 들었다. 죽는 날까지 그림을 그리는 것 또한 남은 인생의 시간을 아름답게 보낼 수 있는 소중한 일이라는 걸 방송을 보고 깨달으셨다고 했다. 그리고 나에게 이런 방송을 만들어줘 고맙다고 했다. 오히려 난 그런 마음을 가져준 아버지가 더 고마웠다. 이 책의 이야기들도 누군가의 삶에 변화를 일으킬 수 있기를 바란다.

EBS 〈100세 쇼크〉 작가
김미수

## 참고 도서

기시미 이치로. 2017. 『나이 든 부모를 사랑할 수 있습니까』. 박진희 옮김. 인플루엔셜.

고미숙 · 정희진 · 김태형 외. 2016. 『나이 듦 수업』. 서해문집.

김욱. 2013. 『폭주노년』. 페이퍼로드.

박상철. 2007. 『우리 몸의 노화』. 서울대학교 출판부.

박상철. 2010. 『노화혁명』. 하서.

박상철. 2012. 『당신의 백년을 설계하라』. 생각속의집.

송양민 · 우재룡. 2014. 『100세 시대 은퇴 대사전』. 21세기 북스.

아툴 가완디. 2015. 『어떻게 죽을 것인가』. 김희정 옮김. 부키.

애슈턴 애플화이트. 2016. 『나는 에이지즘에 반대한다』. 이은진 옮김. 시공사.

엘리자베스 퀴블러 로스. 2009. 『생의 수레바퀴』. 강대은 옮김. 황금부엉이.

폴 어빙 엮음. 2016. 『글로벌 고령화 위기인가 기회인가』. 김선영 옮김. 아날로그.

NHK 스페셜 제작팀. 2016. 『장수의 악몽 노후파산』. 김정환 옮김. 다산북스.

서울시 복지재단. 2016. 『서울시 고독사 실태파악 및 지원 방안 연구』. 서울시 복지재단 · 서울시.

## 프로그램 자문 및 도움

### 1부_관찰 기록, 100세의 사생활

**내용 자문**

서울시 복지재단 연구위원 송인주 | 한국은퇴연구소 소장 우재룡 | 이화여대 사회복지학과 교수 정순둘 | 동국대학교 사회학과 교수 김정석 | 대구경북과학기술원 석좌교수 박상철

**촬영 협조**

길작은도서관 | 포토랜드 | 천안실버타운 | 용강노인복지관 | 꿈사랑청춘대학 | 예닮마을

### 2부_장수의 역습-벼랑 끝에 선 노인들

**내용 자문**

서울시 복지재단 연구위원 송인주 | 한국은퇴연구소 소장 우재룡 | 이화여자대학교 사회복지학과 교수 정순둘 | 동국대학교 사회학과 교수 김정석 | 도쿄도 건강장수의료센터 사회참가 · 지역보건 연구부 팀장 후지와라 요시노리 | 도쿄경제대학 현대법학부 명예교수 오쿠야마 쇼지

**촬영 협조**

부산동구쪽방상담소 | 경남여인숙 | 크린키퍼스 | 천국행기차 | 사단법인 장례지도사협의회 봉사단 | 천안 대한적십자 | 파랑새봉사단 | 꿈사랑청춘대학 | 한국주택금융공사 | 수원감천장 | sk청솔노인복지관 | 서울요양원 | 일본 포라리스 | 유이마루 타카시마다이라 | 홍성 은퇴농장

**도움 주신 분들**

영락공원 | 일본 NPO법인

### 3부_늙은 신인류의 진짜 노인 되기

**내용 자문**

동국대학교 사회학과 교수 김정석 | 아주대학교 심리학과 교수 김경일 | 아주대학교 IT심리학과 연구팀 박사 김세나

**촬영 협조**

김포시체육회 | 중앙대학교 | 꿈·사랑청춘대학 | 대한노인회 용인시 기흥구지회 | 천안 대한적십자회 | 천안 대한 유치원 | 뉴시니어라이프 | 실버넷TV | 출판사 서해문집 | 초록우산 어린이재단 | 부산동구쪽방상담소 | 양산 개운중학교

**도움 주신 분들**

중앙대학교 미디어커뮤니케이션학부 | 동국대학교 | 효형출판 | 달콤스튜디오 | 교육연구소 배움


프로그램 제작진

| | |
|---|---|
| 책임프로듀서 | 김경은 |
| 연출 | 김수영 |
| | 장성훈 |
| 글·구성 | 김미수 |
| 취재작가 | 이은정 |
| 내레이션 | 최불암 |
| 종합편집 | |
| VR편집 | 최종문 |
| 자막 | 편집마을 |
| 그래픽 | 스카이팜 |
| | 김건래 |
| | 이득규 |
| 카메라/헬리캠 | 조문희 |
| | 서용원 |
| 캘리그라피 | 해율 |
| 닥종이인형 | 박성희 작가 |
| 일러스트 | 이지수 |
| 클레이 | 백진숙 작가 |
| | 김미수 작가 |
| 녹음 | TV미학 |
| | 장희진 |
| 일본코디 | 권이 |
| 번역 | 송기정 |
| 행정지원 | 최지아 |
| 제작 본부장 | 윤양석 |
| 제작 | (주)미디어소풍 |


도움과 자문 및 촬영에 협조해주시고
출연해주신 모든 분들에게 진심으로 감사드립니다.

이 책을 만든 사람들

**감수**

**김경은 CP**

EBS 콘텐츠협력제작부. EBS 〈세계테마기행〉, 다큐프라임 〈100세 쇼크〉의 CP로 활동했다.


**김미수 방송작가**

EBS 〈명의〉, 〈다큐 시선〉, 〈세계미술기행〉, 〈세계 문학기행〉, 다큐프라임 〈100세 쇼크〉, SBS 〈그것이 알고 싶다〉, 〈SBS 스페셜〉, KBS 〈시사기획 창〉, 〈일요기획〉, 〈KBS 스페셜〉 등을 구성하고 집필했다. EBS 작가상을 수상했으며 2018년 〈100세 쇼크〉로 제45회 한국방송대상 작가상을 수상했다.


**김수영 PD**

EBS 〈하나뿐인 지구〉, 다큐프라임 〈100세 쇼크〉, KBS 〈다큐 공감〉, 〈KBS 수요기획〉 등 다양한 교양 문화 프로그램을 연출했다.


**장성훈 PD**

EBS 〈내 인생의 직업〉, 다큐프라임 〈100세 쇼크〉, KBS 〈생생정보통〉, 〈나눔의 행복기부〉, 〈동행〉 등 다양한 교양 문화 프로그램을 연출했다.


**김지승 작가**

비영리 단체들의 기관지 에디터 겸 필자로 오래 일해왔다. 아이, 노인, 여성을 대상으로 글쓰기 워크숍 기획과 교육을 진행하고 있다. 저서로 EBS 다큐프라임 『인간의 두 얼굴』, 『아홉 개의 발자국』(공저), 『왓더북』(공저), 『감정 노트북』 등이 있다.

EBS 다큐프라임 특별기획

# 100세 수업
## 우리 미래가 여기에 있다

초판 1쇄  2018년 11월 10일
초판 5쇄  2024년 2월 29일
기획  EBS 미디어
지은이  EBS 〈100세 쇼크〉 제작팀, 미디어소풍
글  김지승
펴낸이  이주애, 홍영완
책임편집  양혜영
마케팅 총괄  김진겸, 김가람
디자인  김주연
펴낸곳  (주)윌북
출판등록  제2006-000017호
주소  10881 경기도 파주시 광인사길 217
홈페이지  willbookspub.com
블로그  blog.naver.com/willbooks
포스트  post.naver.com/willbooks
트위터  @onwillbooks
인스타그램  @willbooks_pub
전화  031-955-3777
팩스  031-955-3778
ISBN  979-11-5581-190-0 (03300)

우리 미래가 여기에 있다